Llewyrch

Oes Aur Cerameg yng Nghymru

Andrew Renton, Oliver Fairclough a Dr Rachel Conroy

Cyhoeddwyd gan Llyfrau Amgueddfa Cymru, 2022

Cyhoeddwyd gyntaf yn 2022 gan Amgueddfa Cymru,
Parc Cathays, Caerdydd, CF10 3NP, Cymru.
© Amgueddfa Genedlaethol Cymru
ISBN 978-0-72-000656-8

Dylunio a chysodi: NB:Design
Argraffwyd gan: Zenith Print

Cyhoeddwyd y llyfr hwn gyda chymorth grant hael gan
Ceramica-Stiftung Basel.

Argraffwyd y llyfr hwn gyda deunyddiau ardystiedig
(h.y. papur o goedwigoedd cynaliadwy), inc o olew
llysiau a glud dyfrsail.

Cedwir pob hawl. Ni chaniateir atgynhyrchu, storio
mewn system adalw na throsglwyddo unrhyw ran o'r
cyhoeddiad hwn mewn unrhyw ffurf na thrwy unrhyw
fodd, trydanol, mecanyddol neu fel arall, heb ganiatâd
ysgrifenedig ymlaen llaw gan Amgueddfa Cymru, neu
berchennog/perchnogion yr hawlfraint, neu fel y caniateir
yn ffurfiol gan y gyfraith. Dylid anfon ymholiadau
ynghylch atgynhyrchu y tu allan i gwmpas yr uchod i'r
Adran Gyhoeddi, Amgueddfa Genedlaethol Caerdydd,
CAERDYDD CF10 3NP.

Mae hawliau moesol yr awduron wedi'u cydnabod.

Rhagair
Gan Lowri Davies

Yn y gyfrol hon caiff y darllenydd ei gyflwyno i wedd newydd a chyfoes ar y gwaith cerameg a phorslen a grëwyd yng Nghymru rhwng y 18fed a'r 20fed ganrif. Mae'r cynnwys ysgrifenedig yn rhoi gwybodaeth o'r newydd i'r darllenydd, a'r ffotograffau yn cynnig persbectif cyfoes i'r darnau arbennig hyn.

Fel gwneuthurwraig, rwyf wedi astudio casgliadau'r crochendai hyn ar hyd y blynyddoedd ac wedi creu casgliadau penodol yn seiliedig ar waith Nantgarw a Llanelli. Fe welir nifer o gyfeiriadau at y casgliadau hyn yn fy ngwaith i.

Mae natur porslen Nantgarw heb ei ail. Mae'n dryloyw, yn bur ac yn hynod o hardd. Mae'r gwaith addurno hefyd yn arbennig, ond mae'r clai ei hun yn syfrdanol. Fel gwneuthurwraig sy'n defnyddio clai tebyg ac wedi profi colledion yn yr odyn, mae darllen am niferoedd colledion Billingsley yn torri calon ond mae ei ddyfalbarhad yn dangos cymeriad tra phenderfynol.

Cefais fy synnu fod twristiaeth gelfyddydol hefyd yn elfen bwysig, yn arbennig yn Abertawe. Mae rhywun yn ystyried y syniad o bobl yn hamddena drwy addurno llestr fel rhywbeth cyfoes, ond roedd hyn yn cael ei gynnig yng Nghrochendy'r Cambrian ar ddiwedd y ddeunawfed ganrif.

Cafodd crochendai Ewenni a Bwcle eu hadeiladu mewn mannau lle roedd clai naturiol yn bodoli eisoes. Erbyn dyfodiad y crochendai yn y llyfr hwn roedd clai yn cael ei gludo o fannau eraill, ond roedd y lleoliadau yn parhau i chwarae rôl bwysig yn llwyddiant y mentrau. Roedd y cyfleustra i ddefnyddio ynni glo, a'r gallu i symud y deunyddiau i mewn i'r crochendy a chludo'r gweithiau gorffenedig i ffwrdd yn elfennau a oedd yn dra phwysig.

Erbyn heddiw, mae yna glwstwr o artistiaid sy'n arbenigo mewn cerameg yn ne Cymru, yn benodol yng Nghaerdydd ac yng nghyffiniau Sir Gaerfyrddin, oherwydd tynfa addysg uwch ac addysg ôl-radd yn y pwnc. Y sefydliad addysg a'r gymuned ôl-brifysgol sy'n ein denu ni yma bellach.

Un o brif amcanion y llyfr yw edrych â gwedd newydd ar y casgliadau hyn, ac yn sicr rwyf i wedi ail-edrych ar ddarnau cyfarwydd, ond hefyd wedi darganfod darnau o'r newydd. Mae'r jwg sydd wedi ei haddurno â darlun o deigr gan Haynes, Dillwyn & Co. wedi dal fy sylw; cynllun beiddgar sydd i'w weld o ddau bersbectif gwahanol yn y llyfr (t. 29). Darn arall sydd yn sefyll allan i mi yw'r pot mêl, eto gan Haynes, Dillwyn & Co. o arddull perlwaith (t. 36). Mae'n syml ond yn hardd, ac fe fyddaf yn sicr yn ail-edrych ar y darn hwn a'r jwg wrth ail-ymweld â'r casgliad, dro ar ôl tro.

Cynnwys

1 | Cyflwyniad Andrew Renton	1
2 | Blynyddoedd cynnar Crochendy Abertawe 1764-1789 Andrew Renton	7
3 | Oes aur Crochendy'r Cambrian 1789-1824 Andrew Renton	17
4 | Gwaith Tsieni Abertawe 1814-1826 Oliver Fairclough	47
5 | Gwaith Tsieni Nantgarw 1813-1814 a 1816-1823 Oliver Fairclough	73
6 | Blynyddoedd olaf Crochendy'r Cambrian 1824-1870 Rachel Conroy	97
7 | Crochendy Morgannwg 1813-1838 Rachel Conroy	113
8 | Crochendy De Cymru 1840-1922 Rachel Conroy	123
9 | Unigolion blaenllaw	135
10 | Marciau'r gwneuthurwyr	145
11 | Deunydd darllen pellach	153

Abertawe a'r cylch yn y 1790au, o fap George Yates o Forgannwg a gyhoeddwyd gan John Cary ym 1799.

Llewyrch – Oes Aur Cerameg yng Nghymru

1 | Cyflwyniad

Casgliad Amgueddfa Cymru o gerameg o ffatrïoedd Cymreig yw'r mwyaf cynhwysfawr o'i fath yn y byd. Gan ddechrau ei oes ym 1882 yn Llyfrgell ac Amgueddfa Rydd Caerdydd a'i drosglwyddo i'r Amgueddfa Genedlaethol newydd ar ôl 1907, nod y casgliad o'r cychwyn fu cynrychioli pob agwedd ar y pwnc, ac mae'n dal i dyfu.

Y llyfr hwn yw'r cyntaf ers degawdau i gynnwys ystod lawn o grochenwaith a phorslen a gynhyrchwyd yn ne Cymru rhwng 1764, pan sefydlwyd Crochendy Abertawe (Cambrian yn ddiweddarach), a 1922, pan gaeodd Crochendy De Cymru (Llanelli yn ddiweddarach). Mae Abertawe yn ganolog i'r stori hon. Roedd Crochendy Abertawe yn weithredol erbyn 1768 ac fe gaeodd yn y pen draw ym 1870, tra bod Gwaith Tsieni Abertawe yn cynhyrchu porslen ar yr un safle rhwng 1814 a 1826. Roedd Crochendy Morgannwg gerllaw yn weithredol rhwng 1813 a 1838. Y tu hwnt i Abertawe, roedd ffatri borslen Nantgarw yn weithredol am ddau gyfnod rhwng 1813 a 1823. Yn Llanelli, agorodd Crochendy De Cymru ym 1840; pan gaeodd ym 1922, hwn oedd y crochendy Cymreig olaf o bwys.

Er bod i'r ffatrïoedd yn Abertawe, Nantgarw a Llanelli nodweddion lleol neilltuol, ceir cyd-destun ehangach i stori cerameg yng Nghymru. Chwaraeodd y diwydiannu cyflym a welwyd yn ne Cymru yn y ddeunawfed ganrif a'r bedwaredd ganrif ar bymtheg ran sylweddol yn natblygiad ymerodraeth Prydain. Oni bai am gysylltiadau agos yr ardal â'r economi ehangach ym Mhrydain ac yn fyd-eang, mae'n annhebygol y byddai'r crochendai a'r gweithfeydd tsieni wedi ymsefydlu yno.

Bu chwyldro yn niwydiant cerameg Ewrop yn y ddeunawfed ganrif. Arweiniwyd y newid gan ddatblygiad cynhyrchu porslen ym Meissen yn yr Almaen ar ddechrau'r ganrif, a chreu system fasgynhyrchu drefnus yn niwydiant crochenwaith Swydd Stafford drwy waith Josiah Wedgwood. Cafodd y datblygiadau arloesol hyn effaith ddofn ledled Ewrop. Daeth ffatrïoedd ym mhobman i efelychu llwyddiant y mathau newydd o borslen a chrochenwaith.

Ar y cyfandir, ffynnodd cynhyrchiant gwir borslen (past caled) a phorslen artiffisial (past meddal) diolch i gefnogaeth frenhinol ac aristocrataidd. Fodd bynnag, ym Mhrydain roedd angen i'r chwyldro mewn cerameg allu talu ei ffordd yn fasnachol. Roedd hyn yn bosibl, yn enwedig o'r 1750au ymlaen, diolch i dwf mawr yn y boblogaeth a chynnydd mewn incwm. Arweiniodd hynny at alw gan y dosbarth canol am lestri solet, fforddiadwy a chain ar gyfer ciniawa ac yfed te; defodau cymdeithasol oedd yn eu helpu i arddangos eu chwaeth, eu boneddigeiddrwydd a'u moesgarwch.

Roedd de Cymru mewn sefyllfa dda i fanteisio ar yr hinsawdd economaidd newydd hon yn y byd cerameg. Roedd yno gyflenwadau digonol o lo o ansawdd uchel, rhywbeth yr oedd angen mwy ohono na chlai hyd yn oed. Roedd yno hefyd gysylltiad hawdd dros y môr â deunyddiau crai hanfodol eraill – clai gwyn o Ddyfnaint, Dorset a Chernyw – ac â'r marchnadoedd a oedd yn datblygu yn lleol ac yn Llundain, gweddill Prydain a gogledd America. Pan sefydlodd William Coles ei grochendy yn Abertawe ym 1764, gwelodd gyfle am fusnes rhagorol yn y porthladd diwydiannol ffyniannus hwn, gyda'i gysylltiadau rhyngwladol a'i botensial fel lle gwyliau.

Nid crochenydd oedd Coles, ond partner yn un o weithfeydd tun y de. Fel George Haynes a theulu Dillwyn ar ei ôl, roedd yn un o frîd newydd o entrepreneuriaid heb unrhyw arbenigedd mewn cerameg a ddenwyd gan lwyddiant Wedgwood i fusnes lle'r oedd arian i'w wneud.

Nid yw union rôl perchnogion o'r fath bob amser yn glir. Roedd Lewis Weston Dillwyn, er enghraifft, yn rheoli Crochendy'r Cambrian o hyd braich am gyfnodau hir, ond dro arall byddai'n chwarae rhan flaenllaw yn rhai o brojectau uchelgeisiol y cwmni. Ym 1806, ysgrifenodd ei dad, William, fod Lewis wedi bod 'much engaged in the application of his Chemical Knowledge'[1] ac ym 1815 dechreuodd Lewis gadw llyfr nodiadau i gofnodi ei arbrofion â phorslen ac ysgrifennodd am dreulio 'a long fagging day's work at the Pottery.'[2]

Erbyn 1800, nododd ymwelwyr ag Abertawe fod y crochendy wedi'i drefnu 'ar sail cynllun Mr Wedgwood'. Cyfeiria hyn at drefniadaeth resymegol ffatri Etruria Wedgwood, a agorwyd ym 1769 ac a efelychwyd yn fuan gan grochendai eraill Swydd Stafford a gweddill Ewrop. Roedd dulliau masgynhyrchu arloesol Wedgwood yn dibynnu ar arbedion maint, rhannu llafur, cynhyrchu systematig a mecaneiddio gyda phŵer gwynt, dŵr neu stêm. Roedd hyn yn caniatáu iddo gynhyrchu mwy a chadw prisiau'n isel, gan sicrhau cyflogau cyson i'w weithlu a oedd, ar y cyfan, yn lled-fedrus.

Nid yw'n glir pa bryd y mabwysiadwyd 'cynllun Wedgwood' yng Nghrochendy Abertawe, ond yn ei flynyddoedd cynnar, tua 1770-1781, cyflogwyd y pen-grochenydd o Swydd Stafford, Ralph Ridgway fel rheolwr. Mae'n debygol iddo ddod â gwybodaeth gydag ef ar sut i gynhyrchu hufenwaith, y 'Queen's Ware' newydd ffasiynol a oedd ar y pryd yn sicrhau ffortiwn ac enw da Wedgwood.[3] Ym 1783, roedd hysbysiad ar gyfer y crochendy'n dweud bod ganddo ddwy felin ddŵr ardderchog ar gyfer malu'r fflint, a oedd yn angenrheidiol ar gyfer techneg Swydd Stafford o ychwanegu fflint i gynhyrchu 'corff' gwyn sefydlog.[4] Roedd yr un hysbysiad hefyd yn nodi: 'The Country is very populous ... and Labour very cheap', gan awgrymu bod y crochendy erbyn hynny yn gweithio yn ôl cynllun Wedgwood gan ddefnyddio gweithwyr lled-fedrus.[5]

Ar yr adeg hon, roedd gwneuthurwyr Swydd Stafford yn datblygu mwy a mwy o'r tsieni asgwrn newydd fel porslen dibynadwy ar gyfer y farchnad dorfol. Fodd bynnag, roedd rhai gwneuthurwyr uchelgeisiol yn efelychu porslen godidog y cyfandir mewn ymateb i alw marchnad fetropolitan elitaidd. Fel Derby, Worcester, Coalport a Spode, roedd ffatrïoedd porslen Cymru yn cystadlu â chrochenwaith ffasiynol, drud wedi'i fewnforio, o Ffrainc yn enwedig. Roedd hyn yn arbennig o wir am Nantgarw, project delfrydgar William Billingsley. Hwn oedd anadl olaf traddodiad porslen past meddal coeth y ddeunawfed ganrif, ac nid oedd unrhyw obaith iddo lwyddo'n fasnachol. Yn Abertawe, ceisiodd Lewis Weston Dillwyn drosi gweledigaeth Billingsley yn rhywbeth mwy ymarferol, gan symud tuag at ryseitiau porslen asgwrn a sebonfaen mwy dibynadwy, ond roedd ei fenter borslen yntau yn fethiant masnachol.

O tua 1790 ymlaen, dechreuodd ffatrïoedd ym mhobman ddibynnu – yn gyfan gwbl mewn sawl achos – ar addurnwaith tanwydredd print troslun fel eu prif gynnyrch. Spode oedd ar flaen y gad, gan adeiladu ar lwyddiant dyluniadau chinoiserie glas a gwyn cynnar fel y patrwm 'helyg' hollbresennol, gydag amrywiaeth helaeth o batrymau newydd a soffistigedig. Amrywiai'r patrymau hyn o flodau, adar ac anifeiliaid i bynciau hanesyddol a golygfeydd pictiwrésg neu ddychmygol o India, yr Eidal a mannau eraill. Dilynodd Crochendai Abertawe, Morgannwg a De Cymru y tueddiadau ehangach hyn. Er na allai unrhyw un o'r ffatrïoedd hyn oroesi cystadleuaeth Swydd Stafford yn y pen draw, yn enwedig gyda dyfodiad y system ddosbarthu yn sgil y rheilffyrdd, fe wnaethant ymdrech i arloesi. Er enghraifft, pan adferodd Lewis Weston Dillwyn ei reolaeth ar Grochendy'r Cambrian yn y 1820au, cyflwynodd welliannau i 'gorff' y crochenwaith a chyfres newydd o ddyluniadau wedi'u printio mewn ystod ehangach o liwiau.

Fodd bynnag, heblaw ambell i eithriad, ychydig o ymdrech a wnaed yn ne Cymru i efelychu datblygiadau mawr y cyfnod Fictoraidd megis cynhyrchu teils, majolica gwydrog lliwgar, arddulliau hanesyddolaidd canol y ganrif neu'r crochenwaith celfyddydol diweddarach. Ar ddiwedd y 1840au, methodd llestri Etrwsgaidd Dillwyn ag atal tranc araf Crochendy'r Cambrian. Daeth y cwmni i ben ym 1870, yn rhannol

---

[1] Jonathan Gray, *The Cambrian Company: Swansea Pottery in London 1806-1808* (2012), t. 144

[2] Oliver Fairclough, 'Lewis Weston Dillwyn and the Cambrian Pottery', *Welsh Ceramics in Context Part 1* (2003), t. 220

[3] Jonathan Gray, 'The Ridgways in Swansea', *English Ceramic Circle Transactions*, 17 rhan 3 (2001), tt. 413-419

[4] 'Corff' yw'r enw ar y sylwedd neu'r gymysgedd gaiff ei defnyddio i greu darn o grochenwaith

[5] Jonathan Gray, 'The Cambrian Pottery before 1802', *Welsh Ceramics in Context Part 1* (2003), t. 24

oherwydd cystadleuaeth crochendai lleol fel Crochendy Ynysmeudwy (1845-1877), Crochendy Dyvatty Street (1840au-1892) a Chrochendy Calland and Company, Glandŵr (tua 1852-1856). Er gwaethaf ei lithoffanau porslen a efelychai weithiau Almaenig, a'i arbrofion â llestri lliw a sbwngwaith, dim ond o drwch blewyn y llwyddodd Crochendy De Cymru i osgoi mynd i'r wal ym 1875; ac ni allodd y cynnydd diweddarach mewn paentio â llaw yn arddull boblogaidd Wemyss ei atal rhag cau yn y pen draw ym 1922.

Trwy gydol eu hanes, roedd ffatrïoedd crochenwaith a tsieni Cymru yn dibynnu'n drwm ar y marchnadoedd lleol. Gwyddom, er enghraifft, fod dysglau a phlatiau Abertawe yn cael eu defnyddio yn nhafarn y Pîl ym 1813 ac yn nhafarn yr Angel, Caerfyrddin yn y 1840au. Roedd porslen Abertawe a Nantgarw yn cael ei brynu gan nifer o dirfeddianwyr a diwydianwyr Cymru, o'r Arglwydd Dinefwr, un o brynwyr cyntaf porslen Abertawe, i Syr Watkin Williams Wynn, a oedd yn siomedig, tua 1825, am na allai gael gafael ar set gyflawn o lestri Abertawe.

Roedd twristiaid ac ymwelwyr yn gwsmeriaid pwysig hefyd. Yn y 1790au a'r 1800au, hyrwyddai Abertawe ei hun fel tref wyliau lan môr, ac mae mwy o sylwadau gan dwristiaid am Grochendy'r Cambrian nag unrhyw ffatri gerameg Brydeinig arall yn y cyfnod. Ymwelodd Horatio Nelson ym 1802 gyda Syr William ac Emma Hamilton, ac fe archebodd lestri. Gallai twristiaid addurno llestri eu hunain hyd yn oed, fel y gwnaeth aelodau o deulu Alcock o Iwerddon ym 1798. Pan oedd porslen yn cael ei gynhyrchu, cofiai cyn-enamlydd yng Nghrochendy Abertawe, Henry Morris, ym 1850 fod 'llawer o bobl ddieithr wedi dod o bell i'w prynu'.[6] Mae nifer o olygfeydd lleol yn ymddangos ar grochenwaith a phorslen Abertawe a Nantgarw, wedi'u paentio o bosibl i apelio at dwristiaid, neu ar eu cais hyd yn oed.

Ond câi crochenwaith ei allforio o dde Cymru hefyd. Yn ei ddegawdau cynnar, cynhyrchodd Crochendy Abertawe lestri a gomisiynwyd yn arbennig ar gyfer cwsmeriaid yng Nghernyw, ac mae'n debyg eu bod yn cystadlu â Bovey Tracey am farchnadoedd yn Nyfnaint, Dorset a Gwlad yr Haf. Ar adegau, gwnaed ymdrechion mwy penodol i hyrwyddo a dosbarthu i farchnadoedd trefol allweddol, yn enwedig Llundain a Bryste. Rhan hanfodol o'r strategaeth hon oedd datblygu delwedd oedd yn gydnaws â dyheadau'r dosbarth canol a chwaeth yr elît cyfoethog.

Heb os, arloeswr mawr marchnata crochenwaith oedd Josiah Wedgwood, ac roedd ei ystafelloedd arddangos yn Llundain o 1765 ymlaen yn esiampl o 'fusnes a difyrrwch yn mynd law yn llaw'. Dilynwyd yr esiampl ar ddiwedd y ddeunawfed ganrif gan sawl gwneuthurwr porslen uchelgeisiol, a rhwng 1806 a 1808 sefydlodd Crochendy Abertawe ('Cambrian' erbyn hynny) warws yn Llundain – y Cambrian Company.[7] Mae'n ymddangos mai dyfais hyrwyddo oedd yr enw 'Cambrian', yn debyg i enw ffatri Wedgwood, 'Etruria', neu'r enw 'Herculaneum' ar grochendy Lerpwl. Pan fethodd menter Cambrian Company, dechreuodd Dillwyn werthu ei borslen Abertawe trwy arbenigwyr sefydledig fel Mortlock's, Oxford Street a Pellatt & Green, St Paul's Churchyard a'u siopau crand. Cyrhaeddai porslen Nantgarw ei gwsmeriaid yn Llundain yn yr un modd.

Manteisiai diwydiant cerameg Abertawe ar gysylltiadau masnachu byd-eang y dref hefyd i gyrraedd marchnad ryngwladol, yn yr un modd ag y manteisiai crochendai yng ngogledd Lloegr a Bryste ar eu cysylltiadau morwrol â gogledd-orllewin Ewrop a Gogledd America. Roedd gan Abertawe gysylltiadau cryf â phorthladdoedd yn y Baltig, yr Eidal ac Iberia lle byddai'n allforio glo, ac o 1830 ymlaen, â'r Caribî a De America, lle dôi'r copr ar gyfer gweithfeydd anferth y dref. Fodd bynnag, ymddengys mai'r cysylltiad cynnar pwysicaf oedd yr un â'r Unol Daleithiau, a Philadelphia yn benodol, lle'r oedd gan George Haynes a William Dillwyn ddiddordebau busnes a chysylltiadau teuluol cryf. Pan ymunodd Haynes, perchennog cwmni llongau yn Philadelphia, â John Coles fel partner yng Nghrochendy Abertawe ym 1789, dywedodd: 'No situation that I know of is so eligible as this for the furnishing the United States with our wares.'[8]

Plât Crochendy'r Cambrian wedi'i baentio gan Mary Anne Alcock o Gastell Wilton, Swydd Wexford, 1798.
NMW A 31120

Jwg Crochendy'r Cambrian wedi'i harysgrifio i Betsey Berriman Thomas o Borth Ia (St Ives), Cernyw, 1804.
NMW A 30388

[6] Ernest Morton Nance, *The Pottery and Porcelain of Swansea and Nantgarw* (1942), t. 260

[7] Jonathan Gray, *The Cambrian Company: Swansea Pottery in London* (2012)

[8] Jonathan Gray, 'An American and an American Trader in Wales: Fresh Insights into the Cambrian Pottery, 1789-1810', *American Ceramic Circle Journal*, cyfrol XIV (2007)

Fel llawer o fusnesau Prydeinig yn y ddeunawfed ganrif, elwodd Crochendy Abertawe ar arian a ddeilliai o'r fasnach gaethweision. Ceir cofnodion yn Philadelphia fod George Haynes yn berchen ar gaethweision, ac roedd yn ymwneud cryn dipyn â'r fasnach siwgr yn y Caribî a oedd yn seiliedig ar lafur caethweision. Priododd Haynes ym 1764 ac ymgartrefu ar Sint Eustatius, ynys a berthynai i'r Iseldiroedd a oedd yn ganolfan bwysig yn y fasnach gaethweision. Defnyddiodd ei gyfoeth i brynu ystâd Monckton Park ger Wilmington, Delaware, ac i fuddsoddi yng Nghrochendy Abertawe. Ar y llaw arall, roedd William Dillwyn, a brynodd y crochendy ym 1802 ac y ffurfiodd ei fab, Lewis Weston, bartneriaeth â Haynes, yn Grynwr ac yn flaenllaw yn y mudiad dros ddiddymu caethwasiaeth o ddechrau'r 1770au ymlaen. Roedd yn aelod o bwyllgor y Gymdeithas er Diddymu'r Fasnach Gaethweision, fel yr oedd Josiah Wedgwood.[9]

Mae cerameg Gymreig, yn enwedig y porslen a gynhyrchwyd yn Nantgarw ac Abertawe rhwng 1813 a 1826, wedi denu diddordeb casglwyr ac arbenigwyr ers dechrau'r bedwaredd ganrif ar bymtheg, ac maent wedi bod yn destun astudiaeth academaidd ers o leiaf y 1830au. Mae balchder lleol wedi chwarae rhan fawr yn ysgogi'r diddordeb hwn, ac adlewyrchir hynny yn y defnydd cynnar o destunau addurniadol ar themâu Cymreig, boed yn feirdd a derwyddon neu olygfeydd enwog o Gymru. Mor gynnar â 1813, roedd hysbysiadau arwerthiannau yn ne Cymru yn rhoi sylw arbennig i lestri Abertawe, ac roedd papur newydd Abertawe, *The Cambrian*, yn gyfrwng parod i ledaenu'r balchder dinesig hwn. Ar 17 Chwefror 1817, ymddangosodd apêl yn *The Cambrian* am gyfraniadau tuag at anrheg i'r Frenhines Charlotte gan dref a chymdogaeth Abertawe, sef darn o borslen Abertawe, a oedd, yn ôl y disgrifiad, 'heb ei ail o ran harddwch a cheindr'.

Buan y cafodd rhinweddau cerameg Gymreig, y porslen yn enwedig, ei gydnabod ymhellach i ffwrdd hefyd, a hynny yn y cylchoedd mwyaf sicr eu chwaeth. Llundain oedd y farchnad bwysicaf, ac roedd rôl prif werthwyr tsieni'r ddinas – Mortlock's, Oxford Street yn arbennig – yn allweddol. O 1808 ymlaen, Mortlock's oedd dewis cyntaf Lewis Weston Dillwyn fel asiant crochenwaith a phorslen Abertawe, ac yn y flwyddyn honno fe wnaeth Hester Piozzi (Hester Salusbury yn wreiddiol, o Bodfel, Gwynedd, a oedd yn fwy adnabyddus fel ffrind Dr Johnson, Hester Thrale), annog cyfaill i fynd yno i brynu 'sbesimen hardd o tsieni de Cymru' – perlwaith Crochendy'r Cambrian yn ôl pob tebyg. John Mortlock oedd yn gyfrifol am hysbysebion ar gyfer porslen Abertawe a ymddangosodd ym mhapurau newydd Llundain o fis Gorffennaf 1816 ymlaen, ac yn yr un mis, cyflawnodd yr orchest o gyflenwi set o lestri cabaret porslen Abertawe ('a superb dejeune set') yr un i'r Dywysoges Mary a'r Dywysoges Charlotte. Yn ddiweddarach, cytunodd Mortlock â William Billingsley i fynd â'r holl borslen Nantgarw oedd ar gael yn ddiaddurn ('*in the white*'), i'w addurno gan baentwyr porslen gorau Llundain. Roedd setiau o lestri cinio, pwdin a the Cymreig godidog yn cyrraedd haenau uchaf y gymdeithas, gyda chomisiynau gan ffigyrau fel ail Ardalydd Caerwysg, y banciwr Thomas Coutts, ac Adolphus Dug Caergrawnt, brawd i'r Rhaglyw Dywysog.

Ar ddiwedd y 1820au, roedd casglwyr eisoes yn cydnabod gwerth y porslen Cymreig nad oedd yn cael ei gynhyrchu mwyach. Ym 1829 soniai hysbysiad yn y Fenni am 'lestri enwog Nantgarw', ac ym 1832 ceir cofnod am lestri Nantgarw yn *Cabinet Cyclopaedia* Dionysius Lardner. Nodai: 'Since the discontinuance of this establishment, the excellent quality of its wares has been justly estimated, and the prices which are now eagerly given by amateurs and collectors for pieces of Nungarrow porcelain, are out of all proportion greater than were originally demanded by the makers'.[10] Heb os, mae hyn yn egluro ymdrechion ofer William Weston Young i adfywio cynhyrchiant porslen Nantgarw, a pham y ceisiodd ail Ardalydd Bute berswadio mab Thomas Pardoe, William Henry, i wneud yr un peth.

Roedd yr haneswyr cerameg Fictoraidd, gan ddechrau gyda Joseph Marryat ym 1850, yn adleisio naws ganmoliaethus Lardner. Roedd eu cyfrolau yn elwa o gysylltiad uniongyrchol â phobl a oedd yn ymwneud â'r diwydiant ar ddechrau'r ganrif, neu eu disgynyddion. Rhoddodd Lewis Weston Dillwyn wybodaeth nid yn unig i Marryat ond hefyd i dad-yng-nghyfraith ei fab, Syr Henry de la Beche, ar gyfer catalog 1855 yr Amgueddfa Daeareg Ymarferol, yr oedd

Plât porslen Nantgarw, tua 1820, wedi'i addurno yn Llundain a'i arysgrifio â marc y gwerthwr Mortlock.
NMW A 38955

---

[9] Jonathan Gray, 'Bitter Sweet – Josiah Wedgwood and William Dillwyn's response to sugar and slavery in the eighteenth and nineteenth centuries', *Proceedings of the Wedgwood International Seminar 2016*, tt. 71-82

[10] Dionysius Lardner, *Cabinet Cyclopaedia, Volume 26: A Treatise of the Progressive Improvement and Present State of the Manufacture of Porcelain and Glass* (1832)

ei chasgliad (sydd bellach yn Amgueddfa Victoria ac Albert) yn cynnwys enghreifftiau o gerameg Gymreig a roddwyd gan y teulu Dillwyn.[11] Mae'r llyfr sylweddol cyntaf ar y pwnc, The Ceramics of Swansea and Nantgarw (1897) gan William Turner, wedi cael ei ddisodli mewn sawl ystyr gan waith ysgolheigion a ddaeth wedyn, ond mae'n cynnwys hanes llafar pwysig a gofnodwyd tra bod pobl yn dal i frith gofio oes aur y diwydiant.

Efallai mai casgliad cyhoeddus yr Amgueddfa Daeareg Ymarferol oedd y cyntaf i gynnwys enghreifftiau o grochenwaith a phorslen Cymreig, ond fe ddilynodd eraill yn fuan. Roedd y casgliad cerameg o'r ddeunawfed ganrif a roddwyd gan yr Arglwyddes Charlotte Guest, cyfieithydd y Mabinogi, i Amgueddfa Victoria ac Albert ym 1885 yn cynnwys sawl darn o borslen Abertawe a Nantgarw. Roedd rhoddion Syr Augustus Wollaston Franks i'r Amgueddfa Brydeinig ym 1887 hefyd yn cynnwys enghreifftiau diddorol o grochenwaith a phorslen Cymreig.

Erbyn y dyddiad hwn, roedd casgliad cyhoeddus eisoes yn cael ei ffurfio yng Nghaerdydd. Cafwyd arddangosiad o borslen Abertawe a Nantgarw yn Arddangosfa Diwydiant a Chelf Gain gyntaf Caerdydd ym 1870, ac yn dilyn ail arddangosfa ym 1881, cyflwynodd ei threfnwyr ugain darn o borslen Cymreig i Amgueddfa Caerdydd. O 1882 ymlaen, ymrwymodd yr Amgueddfa i ddatblygu casgliad cynrychioliadol o gerameg Gymreig dan arweiniad Robert Drane, cemegydd o Gaerdydd a oedd hefyd yn wyddonydd ac yn hynafiaethydd o fri ac yn gasglwr porslen Worcester. Gwnaeth Drane rai camgymeriadau – er enghraifft wrth anghytuno â barn y curadur John Ward fod Thomas Pardoe yn addurnwr porslen Nantgarw pwysicach na William Billingsley – ond erbyn 1912 roedd wedi creu casgliad a ddisgrifiwyd yn Adroddiad Blynyddol Amgueddfa Genedlaethol Cymru fel 'probably the largest and most representative in existence ... and certainly the best known and most consulted.'

Wrth i gasgliadau amgueddfeydd ddatblygu, ffynnodd casgliadau preifat hefyd. Ym 1897 rhestrodd Turner dros drigain o gasgliadau yn ne Cymru a dwsin arall mewn mannau eraill. Roedd casgliad cynhwysfawr Wilfred de Winton o borslen Ewropeaidd yn cynnwys cynrychiolaeth sylweddol o borslen Cymreig.[12] Fodd bynnag, y mwyaf o'r casgliadau hyn yn hanner cyntaf yr ugeinfed ganrif oedd un Ernest Morton Nance, a adawodd gymynrodd o 1,500 o ddarnau o grochenwaith a phorslen Cymreig ym 1952, gan weddnewid casgliad cerameg Amgueddfa Genedlaethol Cymru. Cyhoeddodd Nance, athro ysgol a chyfreithiwr a oedd wedi ymddeol i Gernyw, ei lyfr aruthrol The Pottery and Porcelain of Swansea and Nantgarw ym 1942. Bu'n teimlo'n rhwystredig ers amser maith oherwydd camgymeriadau ysgolheigion cynharach, gan gynnwys yr Amgueddfa Genedlaethol; nododd sylwadau fel 'wrong again' a 'same old error' ar gatalog cerameg Gymreig yr Amgueddfa ar gyfer 1931. Er bod camgymeriadau gan Nance ei hun wedi ymddangos dros amser, mae'r ymchwil ddogfennol fanwl a chynhwysfawr sy'n sail i'w lyfr yn sylfaen werthfawr.

Er mor gynhwysfawr oedd llyfr a chasgliad Nance, nid yw ein dealltwriaeth o gerameg Gymreig wedi aros yn ei hunfan. Diolch i gyhoeddiadau W. D. John, Rowland Williams a Syr Leslie Joseph, sy'n canolbwyntio mwy ar ddadansoddi gwrthrychau, mae gennym bellach werthfawrogiad llawer mwy cywir o'r porslen a wnaed yn Abertawe a Nantgarw, hyd yn oed wrth i siapiau a phatrymau newydd barhau i ddod i'r amlwg. Mae goleuni newydd wedi'i daflu ar hanes crochendai de Cymru, gan bobl fel Helen Hallesy a W. J. Grant-Davidson. Mae hanes Grant-Davidson o ddyddiau cynnar Crochendy Abertawe yn ddibynadwy ar y cyfan, er ei fod yn cynnig ambell i syniad sy'n amheus os nad yn gwbl ddi-sail. Y cyfraniad mwyaf arwyddocaol yn ddiweddar yw un Jonathan Gray, sydd wedi cyfuno dadansoddiad gofalus o wrthrychau ag ymchwil ddogfennol arloesol. Mae wedi sefydlu cronoleg fwy dibynadwy ar gyfer y cynnyrch cynnar ac, yn bwysicach fyth, mae wedi taflu goleuni ar rôl weithredol Crochendy Abertawe yn y darlun economaidd ehangach, gan gynnwys ei berthynas â chrochendai Swydd Stafford, ei ffocws uchelgeisiol ar farchnad Llundain rhwng 1806 a 1808, ac – yn fwyaf diddorol – ei gysylltiadau agos â Gogledd America. Yr ymchwil a'r ystyriaeth newydd hon a greodd y galw am y llyfr hwn ac a'i gwnaeth yn bosibl.

Pâr o botiau bylbiau Crochendy'r Cambrian wedi'u paentio gan William Weston Young, a gyflwynwyd i'r Amgueddfa Brydeinig gan Syr Augustus Wollaston Franks © Ymddiriedolwyr yr Amgueddfa Brydeinig.

---

[11] Jonathan Gray, 'Presented by Mrs Dillwyn – Swansea pottery and porcelain and the Museum of Practical Geology', English Ceramic Circle Transactions, 28 (2017)

[12] Oliver Fairclough, 'Wilfred de Winton, Church and China in Edwardian Wales', Brycheiniog, XLVII (2016) tt. 71-89

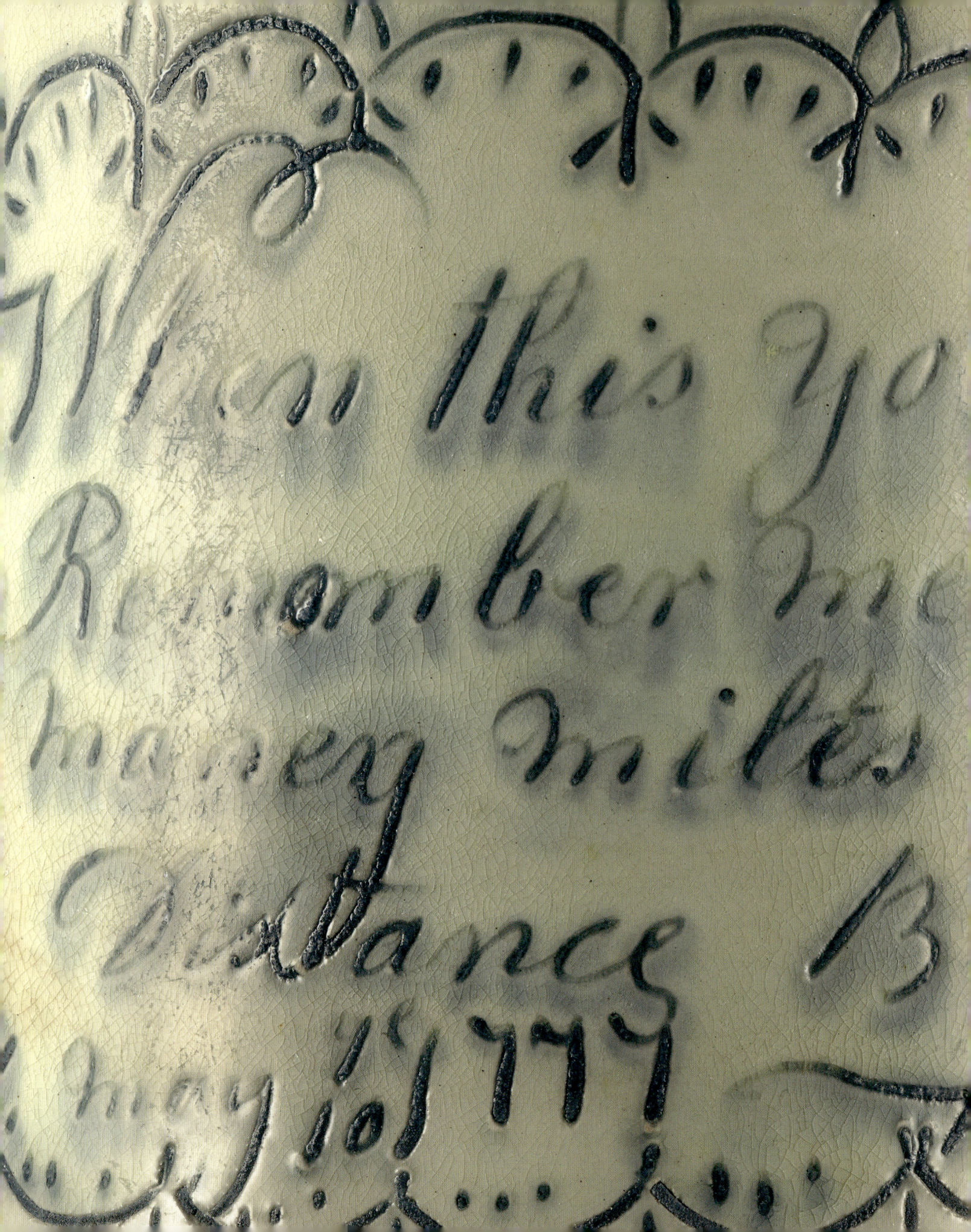

2 | Blynyddoedd cynnar Crochendy Abertawe 1764-1789

Yn y 1760au roedd Bwrdeisiaid Abertawe mewn cyfyng-gyngor. Ar y naill law, roedd economi forwrol a diwydiannol y dref yn ffynnu; roedd yn prysur ddod yn brif ganolfan fwyndoddi copr y byd, ac ar fin goddiweddyd Bryste fel y porthladd pwysicaf ar Fôr Hafren. Ar y llaw arall, roedd llygredd mwyndoddi copr a diwydiannau eraill yn tanseilio ymdrechion i hyrwyddo Abertawe fel tref wyliau lan môr ffasiynol. Mae'n siŵr bod y Bwrdeisiaid yn falch, felly, ar 19 Medi 1764, o roi prydles 41 mlynedd yr hen waith copr ar lan y môr i'r dyn busnes, William Coles, gan nodi bod yn rhaid iddo gael gwared ar y gwaith copr a gosod adeiladau newydd yn ei le ar gyfer 'Stone Ware or Earthen Ware manufactory' neu, yn wir, unrhyw fath arall o waith heblaw mwyndoddi copr neu blwm.

Roedd crochenwaith wedi cael ei gynhyrchu yn yr ardal ers amser maith, mewn crochendai traddodiadol fel Ewenni yn ogystal ag yn Abertawe ei hun. Fodd bynnag, cynlluniodd Coles rywbeth newydd: amrywiaeth o lestri cain, o fath a wnaed yn ffasiynol ac yn broffidiol gan grochendai Swydd Stafford. Erbyn diwedd 1767 roedd ei grochendy newydd yn barod i ddechrau cynhyrchu crochenwaith caled gwyn wedi'i wydro â halen, a phriddwaith lliw hufen. Câi'r clai gwyn ei gludo ar longau o Gernyw, Dyfnaint a Dorset, a'i losgi gan ddefnyddio glo lleol.

Mae ein gwybodaeth am y crochenwaith a gynhyrchwyd yn Abertawe cyn i Coles farw ym 1778 yn deillio o lai na dwsin o enghreifftiau a ddogfennwyd. Yn wir, mae'r darnau cynnar hyn mor brin nes eu bod yn awgrymu y gallai llawer o grochenwaith Prydeinig y cyfnod sydd heb ei briodoli fod yn grochenwaith Crochendy Abertawe mewn gwirionedd. Mae dyddiadur William Dillwyn ar gyfer 15 Gorffennaf 1777 yn cofnodi ei ymweliad â 'Pottery for Stone and Queen's ware a little above the town.' Erbyn y dyddiad hwn, roedd crochenwaith caled cain wedi'i wydro â halen, sef prif gynnyrch crochendai Swydd Stafford hyd hynny, yn mynd allan o ffasiwn.

Abertawe oedd un o'r llefydd olaf i'w gynhyrchu, a daeth hynny i ben tua 1778, ar ôl i Coles farw efallai. Daeth hufenwaith yn brif gynnyrch y crochendy. Roedd hwn yn efelychu 'Queen's Ware' Josiah Wedgwood a chafodd ei gyflwyno o bosibl gan ben-grochenydd o Swydd Stafford, Ralph Ridgway, a gyflogwyd yn y crochendy rhwng tua 1770 a 1781. Llwyddwyd i gyrraedd safonau uchel, ac ym 1775 gwnaeth Coles gynlluniau i ehangu'r crochendy.

Bu meibion Coles, Rowland Pytt, Edward a John, yn rheoli'r Crochendy rhwng 1778 a thua 1789, heb fawr o frwdfrydedd yn ôl pob golwg o ystyried eu hymgais aflwyddiannus ym mis Chwefror 1783 i werthu'r busnes. Mewn hysbyseb yn *The Morning Herald and Daily Advertiser* – oedd yn brolio 'very capital SET of WORKS, well calculated for the POTTERY, GLASS or any other Business, wherein well constructed Cones are necessary' – dywedir fod 'y perchennog presennol wedi dod i feddu ar y gwaith yn ddamweiniol.'

Rhwng 1775 a 1783 arweiniodd Rhyfel Annibyniaeth America at ddirywiad economaidd cyffredinol, ac ychydig iawn o grochenwaith Abertawe sydd wedi goroesi o'r cyfnod hwn. Serch hynny, gwnaed rhywfaint o gynnydd, a chyflwynwyd addurnwaith wedi'i baentio â llaw tua 1781.

Ym 1788 ysgrifennodd John Flight o ffatri borslen Worcester ei fod yn awyddus iawn i roi cynnig ar gynllun i gynhyrchu tsieni yn ardal Abertawe, sy'n awgrymu efallai fod y brodyr Coles wedi ceisio gwerthu'r crochendy unwaith eto. Ni ddaeth unrhyw beth o syniad Flight, ond ym 1789 cafodd y crochendy hwb a chyfeiriad newydd pan ffurfiwyd partneriaeth rhwng John Coles a'r dyn busnes llwyddiannus o Philadelphia, George Haynes.

Cist de, 1777

William Coles & Co,
Crochendy Abertawe

Arysgrif gan George Ridgway fwy na thebyg

Hufenwaith

Uchder 10.7 cm

Arysgrif: *Swansea potwork / May yᵉ 10 1777*, wedi'i endorri

Prynwyd gyda chymorth y Gronfa Gelf a Dr Graham Jenkins, 2015

NMW A 39563

Swansea potwork / May yᵉ 10 1777 medd yr arysgrif endoredig, sy'n golygu mai dyma'r gwrthrych cynharaf ond un y gwyddom i sicrwydd iddo gael ei greu yng Nghrochendy Abertawe.[13] Mae'n dystiolaeth bwysig i nodi sut olwg oedd ar grochenwaith cynharaf Abertawe.

Gall hwn ymddangos yn wrthrych di-nod, braidd yn naïf, ond yn ne Cymru yn y 1770au roedd yn rhywbeth newydd ac yn fwy cyffrous na chrochenwaith traddodiadol lleol. Fe'i lluniwyd o hufenwaith; crochenwaith coeth a wnaed yn ffasiynol gan Josiah Wedgwood ac a gyflwynwyd i Abertawe mae'n debyg gan ben-grochenydd o Swydd Stafford, Ralph Ridgway. Mae patrwm yr ymyl a'r arysgrif wedi'u torri i mewn i wyneb y pot a'u lliwio'n las gan ddefnyddio pigment cobalt ocsid. Roedd y dechneg 'glas crafu' hon wedi bod ar waith yn Swydd Stafford ac mewn mannau eraill ers tua 1740, ac roedd braidd yn hen ffasiwn pan gafodd ei defnyddio yn Abertawe yn y 1770au.

Mae'n debyg bod y gist de wedi'i chreu fel anrheg, fel arwydd o gariad neu gyfeillgarwch efallai. Roedd te yn dal i fod yn ddiod ddrud a chrand yn y cyfnod, wedi'i gweini fel arfer gan fenywod i ffrindiau a gwesteion. Byddai gwrthrych fel hwn, wedi'i greu'n ofalus ac yn gywrain, yn flwch priodol ar gyfer dal dail te ar achlysur o'r fath. Mae'n debyg y byddai wedi'i selio â chorcyn neu liain.

[13] Y cynharaf yw fflasg grochenwaith caled wedi'i gwydro â halen, dyddiedig 28 Mawrth 1768, yng nghasgliad Amgueddfa Abertawe

Jwg, 1781

Priodolir i John Coles & Co, Crochendy Abertawe

Hufenwaith

Uchder 27.8 cm

Heb ei farcio

Rhoddwyd er cof am Arthur Vaughan Williams, 1958

NMW A 30364

Dyma un o'r darnau harddaf o grochenwaith cynnar Abertawe, ac un o'r enghreifftiau cyntaf y gwyddom amdanynt gydag addurniadau wedi'u paentio â llaw. Mae wedi'i phaentio'n gain o dan y gwydredd gyda blodau a chyfres o batrymau cywrain ar yr ymylon. Mae'r arysgrif yn nodi *Joseph Vaughan Melyngriffy / Success to Admrial Rodney / And His Majestys Navy / 1781*. Gyda'i dolen ddwbl wedi'i mowldio a'i chydgroesi'n gywrain, mae'r jwg yn cymharu'n dda â'r hufenwaith a gynhyrchid gan grochendy Leeds a chrochendai newydd uchelgeisiol eraill y cyfnod.

Melin Gruffydd, ar lan afon Taf ychydig filltiroedd i'r gogledd o Gaerdydd, oedd safle gwaith haearn a thunplat Harford, Getley and Company, a sefydlwyd tua 1750. O 1770, câi ei reoli gan Joseph Vaughan (1736-1796). Yn ôl hanesyn teuluol, ym 1781 aeth Vaughan ar daith i dde Cymru gyda'i gefnder John Vaughan o Ddowlais (ond yn fwy tebygol, ei frawd iau, John). Dywedir eu bod wedi ymweld â'r crochendy tra'r oeddent yn Abertawe a chomisiynu'r jwg fawr hon i ddathlu un o ddigwyddiadau dadleuol y cyfnod - y Llyngesydd Rodney yn cipio ynys Sint Eustatius yn India'r Gorllewin oddi wrth yr Iseldiroedd. Efallai eu bod wedi credu (yn anghywir) fod y Cadfridog Syr John Vaughan, a chwaraeodd ran arwyddocaol ym muddugoliaeth Rodney, yn perthyn iddynt.

Cist de, tua 1782
Priodolir i John Coles & Co,
Crochendy Abertawe
Hufenwaith
Uchder 12.1 cm
Heb ei farcio
Prynwyd, 1986
NMW A 30366

Mae'r gist de'n dangos y datblygiadau technegol a'r safonau uchel yng Nghrochendy Abertawe erbyn dechrau'r 1780au. O dan yr ysgwydd, i ategu'r addurniadau a baentiwyd â llaw mewn tanwydredd glas, ceir ymylon sgolpiog wedi'u mowldio'n dda ac addurnblethau o flodau a dail. Roedd hyn yn galw am sgiliau mowldio soffistigedig, fel y rhai a ddatblygwyd gan ddiwydiant cerameg Swydd Stafford wrth ddatblygu dulliau masgynhyrchu.

Un o dechnegau datblygedig eraill Swydd Stafford a gâi ei defnyddio yn Abertawe oedd ychwanegu fflint mâl i gynhyrchu hufenwaith gwelw o ansawdd uchel. Mae hysbyseb ar gyfer gwerthu'r crochendy yn *The Morning Herald and Daily Advertiser* ym mis Chwefror 1783 yn sôn am 'ddwy felin ddŵr ragorol ar gyfer malu'r fflintiau'. Efallai fod y dechnoleg hon wedi'i chyflwyno gan arbenigwyr o Swydd Stafford, pobl fel y pen-grochenydd, Ralph Ridgway, a oedd yn ôl pob tebyg yn rheolwr y crochendy yn ystod y 1770au.

Gwyddom beth yw dyddiad a phwrpas y gist hon gan fod un arall debyg yn Amgueddfa Abertawe, gyda'r arysgrif *Green Tea / 1782* arni.

Cist de, 1783
John Coles & Co,
Crochendy Abertawe
Hufenwaith
Uchder 13.8 cm
Heb ei farcio
Rhoddwyd gan May Loveluck, 1961
NMW A 30365

Mae addurniadau'r gist de hon yn datgelu amryw o ddylanwadau. Mae'r olygfa a baentiwyd ar y cefn yn adleisio'r llwythi enfawr o borslen a fewnforiwyd o Tsieina drwy gydol y ddeunawfed ganrif. Fodd bynnag, mae wedi'i seilio'n fwy manwl ar ddynwarediadau bras o dirluniau porslen Tsieineaidd a geir ar gerameg Seisnig y cyfnod: ar grochenwaith Delft, ar borslen, ac ar berlwaith sef y math newydd o briddwaith gwyn.

Mae patrwm yr ymyl o amgylch yr ysgwydd yn soffistigedig, ond roedd yr arddull baróc neu rococo yn hen ffasiwn erbyn 1783. Mewn cyferbyniad, mae'r cartouche sy'n cynnwys y dyddiad a'r codennau sy'n llusgo i'r ddwy ochr yn adlewyrchu'r arddull neo-glasurol newydd ffasiynol. Mae'r bandiau gleiniog cain o amgylch yr ysgwydd a'r droed yn ychwanegu at yr argraff gyffredinol fod hwn yn wrthrych i greu argraff. Pwy bynnag oedd Thomas Richards, ym 1783 llwyddodd Crochendy Abertawe i roi iddo wrthrych wedi'i bersonoli a ddangosai gryn uchelgais celfyddydol.

Yn y 1780au roedd diwydiant crochenwaith Delft Lloegr ar ei wely angau, ac roedd llawer o'r artistiaid yn chwilio am waith yn rhywle arall. Efallai fod paentiwr anhysbys y gist de hon wedi dod i Abertawe o un o'r crochendai Delft. Addurnodd yr un arlunydd nifer o wrthrychau rhwng 1781 a 1783, gan gynnwys y jwg a luniwyd i Joseph Vaughan ym 1781 (gweler t. 10).

Mwg, 1786
Priodolir i John Coles & Co,
Crochendy Abertawe
Hufenwaith
Uchder 12.6 cm
Heb ei farcio
Wedi'i gaffael drwy gyfnewid, 1920
NMW A 30367

Mae'r arysgrif yn nodi *Mary Hopkins Her Cup 1786*. Mae'r motiff siâp calon yn awgrymu iddo gael ei gyflwyno iddi fel anrheg dyweddïo neu anrheg priodas.

Nid yw'n sicr i'r mwg gael ei wneud yn Abertawe ond, o gofio iddo gael ei ddarganfod yng Nghastell-nedd, dyna sydd fwyaf tebygol. Mae tystiolaeth gadarn o ymddangosiad crochenwaith Abertawe yn y cyfnod hwn yn brin iawn, ond mae'n bosibl bod y ddau fwg hanner peint a brynwyd am dair ceiniog gan y Parchedig John Collins o Oxwich ar 4 Gorffennaf 1782 yn edrych ychydig yn debyg i hyn.

Nid yw'r cefndir glas golau neu 'soufflé' anarferol wedi'i weld ar unrhyw wrthrych Crochenwaith Abertawe arall o'r ddeunawfed ganrif. Ymddengys iddo gael ei greu naill ai trwy daenu pigment glas cobalt ar bot heb ei wydro neu drwy ddefnyddio'r dechneg draddodiadol o chwistrellu'r pigment trwy diwb. Gosodwyd templed papur wedi'i dorri ar siâp calon ar yr wyneb fel masg, i greu cefndir gwyn i dirwedd wedi'i phaentio mewn arddull Tsieineaidd. Mae'r mwg gorffenedig yn debyg i borslen Tsieineaidd wedi'i fewnforio a dynwarediadau ohono a wnaed mewn ffatrïoedd Prydeinig fel Bow a Worcester yn y 1750au a'r 1760au.

Tebot, 1788
John Coles & Co,
Crochendy Abertawe

Hufenwaith

Uchder 12.1 cm

Heb ei farcio

Wedi'i ddarganfod yn y casgliad, 1955

NMW A 30368

Dyma un o nifer o wrthrychau a wnaed yng Nghrochendy Abertawe rhwng 1787 a 1789, pob un wedi'i baentio yn yr un arddull unigryw gydag arysgrifau, dyddiadau a motiffau addurniadol. Mae'r tebot hwn yn un o nifer o'r gwrthrychau hyn sydd hefyd yn cynnwys tirlun wedi'i baentio'n gywrain mewn arddull Tsieineaidd.

Ni wyddom pwy oedd paentiwr y gwrthrychau hyn, ond nid dyma'r arlunydd a baentiodd jwg Joseph Vaughan ym 1781 (t. 10) na chist de Thomas Richards ym 1783 (t. 12). Mae'n debyg fod yr arlunydd wedi hyfforddi yn un o ffatrïoedd crochenwaith Delft neu borslen Prydain, a gellir ei adnabod yn ôl ei arfer (neu ei harfer) idiosyncratig o roi hanner colon rhwng enwau personol. Mae'r tebot hefyd wedi'i addurno â blodau a phryfed arddullaidd, ac ymylon sgroliog a sgolpiog, sy'n nodweddiadol o arddull yr arlunydd.

Ni wyddom unrhyw beth am Clement Morris, y perchennog a enwir ar y tebot. Mae'n ddigon tebyg mai ym Merthyr Mawr ger Pen-y-bont ar Ogwr yr oedd yn byw, yn hytrach na thref ddiwydiannol Merthyr Tudful.

Dysgl, 1788
John Coles & Co,
Crochendy Abertawe
Hufenwaith
Diamedr 32.2 cm
Heb ei farcio
Cymynrodd Ernest Morton Nance, 1952
NMW A 30369

Mae'r ddysgl hon yn perthyn i'r un grŵp neilltuol â thebot Clement Morris (t. 14), ac fe'u paentiwyd yng Nghrochendy Abertawe rhwng 1787 a 1789. Mae'r siâp llabedog wedi'i fowldio yn dynwared ffurf a oedd yn ffasiynol gyntaf mewn llestri arian yn y 1730au, ond a oedd erbyn y 1750au wedi dod yn siâp safonol ar gyfer platiau a dysglau cerameg, ac a barhaodd yn boblogaidd i'r bedwaredd ganrif ar bymtheg. O ystyried maint y ddysgl hon a'r enw arysgrifedig, mae'n debyg mai i'w harddangos y câi ei defnyddio fwyaf yn hytrach nag at ddibenion ymarferol.

Mae patrwm y sgroliau glas tywyll ar olchiad glas goleuach ar hyd yr ymyl yn nodwedd o'r grŵp hwn o lestri Abertawe. Fodd bynnag, mae dyluniad tebyg i'r border o amgylch y canol wedi'i ganfod ar deilchion a gloddiwyd ar safle crochendy Bovey Tracey yn Nyfnaint, sy'n awgrymu bod dylanwadau dylunio wedi trosglwyddo'r naill ffordd neu'r llall rhwng y ddau grochendy. Yn wir, roedd y fasnach ar draws Môr Hafren yn amlwg yn bwysig i Grochendy Abertawe am ei fod yn dod â chlai gwyn i'r crochendy, ac yn agor marchnad ar gyfer y cynnyrch. Ceir arysgrifau'n cyfeirio at lefydd yng Nghernyw a gogledd Dyfnaint ar rai o'r gwrthrychau a baentiwyd yn arddull y ddysgl hon.

3 | Oes aur Crochendy'r Cambrian 1789-1824

Yn gynnar ym 1789, roedd y perchennog llongau a'r dyn busnes, George Haynes, yn ymddeol o'i ddiddordebau busnes yn Philadelphia, dinas fwyaf a phwysicaf America ar y pryd. Roedd wedi buddsoddi yng Nghrochendy Abertawe, ac yn ei reoli mewn partneriaeth â John Coles. Wedi'i ysbrydoli gan lwyddiant Josiah Wedgwood, aeth Haynes ati i ehangu ac ailfodelu'r crochendy. Fel y tystiodd ymwelwyr ac arweinlyfrau lleol yn y 1790au a dechrau'r 1800au, ad-drefnodd Haynes y crochendy yn ôl cynllun Wedgwood, gan greu trefniant cymhleth gyda lle penodol ar gyfer pob proses arbenigol, o 'ystafell yr injan durnio' a'r 'ystafell ddu' ar gyfer gwneud basalt du, i ystafelloedd ar gyfer llunio llestri troell, creu platiau a dysglau, printio, modelu a phaentio.

Ail-frandiodd Haynes y lle yn Grochendy'r Cambrian a buddsoddi £1,500 i wella ei grochenwaith, gan efelychu'r ffasiynau diweddaraf o Swydd Stafford. Roedd y rhain yn cynnwys y llestri perlwaith newydd, sef math o grochenwaith gwynnach gyda gwydredd glas a berffeithiwyd gan Wedgwood ym 1779, a chrochenwaith caled sych (diwydredd) megis basalt du, a berffeithiwyd gan Wedgwood tua 1768. Cyflwynwyd addurniadau print troslun, a gwellodd safon paentio â llaw gyda chymorth arbenigwyr fel yr engrafwr, Thomas Rothwell; y prif arlunydd, Thomas Pardoe; a'r modelydd, George Bentley.

Roedd hon yn adeg dda i fuddsoddi. Roedd masnach Prydain gyda'r Unol Daleithiau yn gwella, a chredai Haynes y gallai allforio i Philadelphia fod yn broffidiol. Yn union fel crochendai ym Mryste, Lerpwl, Swydd Efrog a gogledd-ddwyrain Lloegr, gallai Abertawe fanteisio ar ei chysylltiadau morwrol i gyrraedd marchnad ryngwladol yng ngogledd-orllewin Ewrop a Gogledd America. Ym mis Mawrth 1790 ysgrifennodd Haynes at rywun y gohebai â hwy yn America yn dweud: 'No situation that I know of is so eligible as this for the furnishing the United States with our wares.'

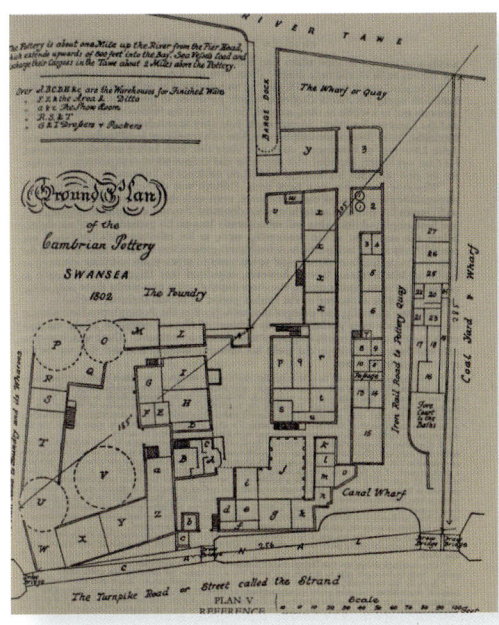

Cynllun Crochendy'r Cambrian ym 1802, atgynhyrchwyd o lyfr Ernest Morton Nance, *The Pottery and Porcelain of Swansea and Nantgarw* (1942).

Ym 1802 prynodd William Dillwyn, Crynwr o Pennsylvania gyda chysylltiadau teuluol â Haynes, brydlesau'r Crochendy. Cymerodd ei fab, Lewis Weston, yr awenau mewn partneriaeth â Haynes, a buddsoddodd teulu Dillwyn £7,000 mewn gwelliannau. Roedd y Dillwyn iau yn naturiaethwr ac yn hynafiaethydd o fri, ac roedd ganddo ddiddordebau gwleidyddol ac elusennol hefyd, felly at ei gilydd, rheoli'r crochendy o hyd braich a wnâi. O bryd i'w gilydd, fodd bynnag, os oedd y busnes yn galw am hynny – ac yn enwedig os byddai rhywbeth yn ennyn ei ddiddordeb gwyddonol – byddai'n ymroi yn llwyr i'r crochendy.

Dau ddegawd cyntaf y bedwaredd ganrif ar bymtheg oedd oes aur Crochendy'r Cambrian, ac roedd gan Dillwyn ddiddordeb personol arbennig yn y ddwy fenter sy'n sefyll allan fel uchafbwyntiau'r cwmni: warws y Cambrian Company yn 64 Fleet Street, Llundain o 1806 i 1808, a'r degawd o gynhyrchu porslen o 1814. Mae'r crochenwaith a gynhyrchwyd ar gyfer warws Llundain yn dangos sut y gwnaeth gweledigaeth ac arweinyddiaeth Dillwyn weddnewid ystod ac ansawdd llestri Crochendy'r Cambrian. Diolch i siapiau addurniadol ac ymarferol newydd hardd, a phaentiadau nodedig o ansawdd uchel gan Thomas Pardoe a William Weston Young, daeth Crochendy'r Cambrian yn un o grochendai mwyaf uchelgeisiol a medrus Prydain.

Fodd bynnag, mae'n ymddangos nad oedd y Cambrian Company yn llwyddiant ariannol, ac ar ôl iddo gau aeth pethau ar i lawr i'r crochendy. Ym 1809, gyda'r economi genedlaethol yn gwanhau, bu lleihad yn y galw am briddwaith wedi'i baentio o ansawdd uchel, a gadawodd Thomas Pardoe i sefydlu ei fusnes ei hun ym Mryste. Gwaethygodd pethau yn sgil chwerwi'r berthynas rhwng Dillwyn a Haynes. Gadawodd Haynes ym 1810, a sefydlodd Grochendy Morgannwg ym 1813 drws nesaf i Grochendy'r Cambrian (gweler Pennod 7). Cwynodd Dillwyn fod elw'r Cambrian yn llawer is na'r hyn oedd Haynes wedi'i ddisgwyl.

Ffurfiodd Dillwyn bartneriaeth newydd ym 1810, gyda Timothy a John Bevington, gan fasnachu fel Dillwyn & Co. tan 1817. Roedd eu safonau'n parhau i fod yn uchel, gyda'r pwyslais ar addurniadau print troslun. Erbyn 1817 roedd Dillwyn yn rheoli busnes oedd ar i fyny, ac yn gwneud tua £2,000 y flwyddyn.

Powlen bwnsh, tua 1790-1800
Crochendy'r Cambrian o bosibl
(Coles & Haynes)
Perlwaith
Diamedr 28.2 cm, uchder 12.7 cm
Heb ei farcio
Rhoddwyd gan W. J. Grant-Davidson, 1994
NMW A 32261

Addurniadau'r bowlen hon sy'n awgrymu iddi gael ei chreu yn Abertawe. Y tu mewn, gwelwn alarch mawr yn nofio rhwng dwy graig, gyda phenhwyad yn codi islaw. Efallai mai pos yw'r alarch ar y môr ('swan on the sea' = Swansea) sy'n cyfeirio at y man cynhyrchu. Mae'r penhwyad o bosibl yn cyfeirio at deulu Pike o Corfe Castle yn Dorset, oedd yn fasnachwyr clai o 1760 ymlaen. Ar ddechrau'r bedwaredd ganrif ar bymtheg roeddent yn masnachu rhwng Poole ac Abertawe gan ddefnyddio llong o'r enw *Swan*. Roeddent hefyd yn cyflenwi clai i grochendai Swydd Stafford, gan gynnwys Minton.

Y tu allan, ceir tirlun wedi'i baentio â llaw mewn arddull Tsieineaidd, nodwedd boblogaidd ar grochenwaith Prydeinig diwedd y ddeunawfed ganrif.

Mae'r bowlen hon yn dangos pa mor anodd yw adnabod cynhyrchion cynnar Crochendy'r Cambrian. Rhaid bod y mwyafrif ohonynt heb eu marcio, ac mae'n debyg fod mwy ohonynt wedi goroesi nag y gwyddom amdanynt, a'u bod wedi'u cam-gofnodi fel crochenwaith 'Seisnig'.

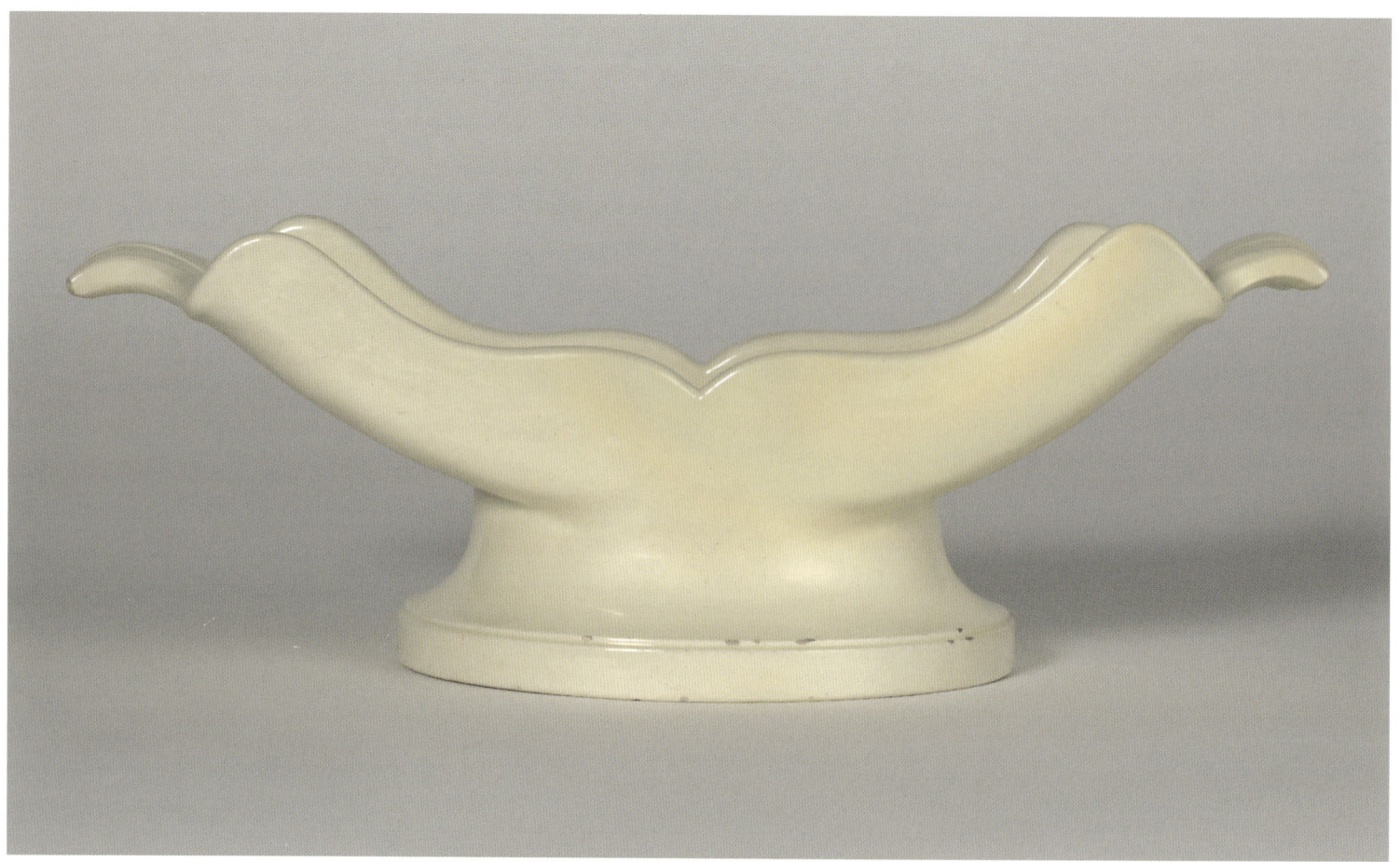

Crud caws, tua 1802-1811
Haynes, Dillwyn & Co.
Hufenwaith
Hyd 35 cm
Marc: *SWANSEA*, yn argraffedig
Prynwyd, 1951
NMW A 30371

Llestri cinio, cegin a llaethdy o briddwaith lliw hufen oedd prif gynnyrch Crochendy Abertawe ar ddiwedd y ddeunawfed ganrif a dechrau'r bedwaredd ganrif ar bymtheg. Gwrthrychau i'w defnyddio bob dydd oedd y rhain, felly ychydig ohonynt sydd wedi goroesi. Dyluniwyd y crud hwn i ddal caws crwn ar ei ochr fel y gellir torri talpiau ohono. Mae'r dolenni crwm yn ei wneud yn hawdd i'w gario tra bod caws ynddo.

Mae'n debyg fod y llestri ymarferol hyn wedi'u creu yn bennaf ar gyfer y farchnad leol. Roedd y tirfeddiannwr Thomas Johnes o'r Hafod ger Aberystwyth, er enghraifft, yn awyddus i wella ei laethdy a phrynodd badellau llaeth hufenwaith a wnaed yn Abertawe, mor gynnar â diwedd y 1780au o bosibl. Ym 1800, cyhoeddodd *A Cardiganshire Landlord's Advice to his Tenants*, lle'r ysgrifennodd ei fod yn defnyddio padellau melyn o grochendy Abertawe. Roedd gwydredd y llestri hyn wedi'i wneud o blwm, ond yn ôl Johnes roedd y broses o'u crasu yn eu gwneud yn llai peryglus.

Plât, 1794
Coles & Haynes
Perlwaith, print troslun gydag arysgrif wedi'i baentio
Diamedr 21 cm, uchder 1.4 cm
Heb ei farcio
Prynwyd, 1962
NMW A 30391

Cafodd addurno print troslun ei gyflwyno yng Nghrochendy Abertawe ar ddiwedd y 1780au, ond y plât hwn yw'r enghraifft gynharaf y gallwn fod yn sicr o'i dyddiad. Yn gyffredinol, caiff arloesi o'r fath ei gysylltu â dyfodiad yr engrafwr copr a'r enamlydd, Thomas Rothwell (1740-1807) i Abertawe, gŵr a oedd wedi gweithio cyn hynny yng nghrochendai Lerpwl, sef ei ardal enedigol, a Swydd Stafford.

Bu Rothwell yn engrafu platiau copr ar gyfer Crochendy'r Cambrian tan tua 1791, ond ni wyddom pa batrymau penodol yr oedd yn gyfrifol amdanynt. Roedd wedi gadael Abertawe erbyn 1794, felly mae'n bosibl mai engrafwr arall sy'n gyfrifol am y patrwm 'eliffant a howda' hwn. Engrafodd Rothwell olygfeydd lleol hefyd, gyda rhai ohonynt wedi'u printio ar blastr cyn gosod fframiau Crochendy Abertawe arnynt.

O ddechrau'r 1790au, llestri ag addurniadau print troslun oedd un o brif gynhyrchion Crochendy'r Cambrian. Nid creu addurniadau rhatach ar gyfer y farchnad dorfol oedd y nod, gan fod y broses yn ddrytach na phaentio â llaw mewn gwirionedd. Ymwelodd John Henry Manners, 5ed Dug Rutland, â'r crochendy ym mis Awst 1797 a disgrifiodd y broses o brintio oddi ar blatiau copr ar bapur a gâi ei lapio o amgylch y crochenwaith i droslunio'r ddelwedd. Nododd fod 'y rhai sy'n cael eu printio yn llawer iawn gwell na'r rhai sydd ond yn cael eu paentio'.

Jwg, 1801

Coles & Haynes neu Haynes & Co.

Perlwaith, print troslun gydag arysgrif wedi'i baentio

Uchder 15.2 cm, diamedr 13.3 cm

Heb ei farcio

Cymynrodd Ernest Morton Nance, 1952

NMW A 30387

Wedi'i brintio o dan y gwydredd mewn brown, mae'r addurnwaith yn cynnwys golygfeydd o ardd Tsieineaidd gyda ffigyrau'n dal parasolau a bachgen yn pysgota â rhwyd. Mae'r rhain yn seiliedig ar engrafiadau hynod ddylanwadol Jean Pillement a ddefnyddiwyd yn *The Ladies Amusement* gan Robert Sayer, llyfr a gyhoeddwyd ym 1760, ac a wnaeth ddyluniadau chinoiserie ffansïol o'r fath yn hynod boblogaidd ar ddiwedd y ddeunawfed ganrif.

Pan ymwelodd John Henry Manners, 5ed Dug Rutland, â Chrochendy'r Cambrian ym 1797 gwnaed argraff arno gan 'fath o liw brown, a ganfuwyd yn ddiweddar gan ryw berson yn Llundain, ac a ddefnyddir yn helaeth yma.' Heblaw am y glas mwy arferol, roedd Abertawe hefyd yn defnyddio du ar gyfer ei addurnwaith print troslun tanwydredd.

Mae'r jwg wedi'i harysgrifio i Samuel a Grace Calley, o bosibl Samuel Calley a Grace Wakeham o Ddyfnaint, a briododd yn Dartmouth ar 3 Rhagfyr 1795. Os felly, mae hon yn un o gyfres o jygiau dogfennol yn dyddio'n ôl cyn belled â 1797, sy'n dangos faint o gynhyrchion Crochendy'r Cambrian a gâi eu hallforio ar draws Môr Hafren yn y cyfnod hwn.

Ffigyrau Mark Antony a Cleopatra

Haynes, Dillwyn & Co., tua 1810-1815 (Mark Antony) a thua 1805 (Cleopatra)

Priddwaith gyda gwydredd melyn; basalt du

Mark Antony: uchder 19.3 cm, hyd 32.4 cm
Cleopatra: uchder 21.6 cm, hyd 28.9 cm

Marciau: Mark Antony heb ei farcio; Cleopatra SWANSEA, yn argraffedig

Cymynrodd Ernest Morton Nance, 1952; cymynrodd Kildare S. Meager, 1965

NMW A 30798 a 30394

Lluniodd Crochendy'r Cambrian bâr o ffigyrau Mark Antony a Cleopatra, mewn priddwaith gyda gwydredd melyn a basalt du. Mae un ffigwr basalt o Cleopatra wedi'i endorri â *G. Bentley, Swansea 22nd May, 1791*, felly George Bentley, prif fodelydd y crochendy, a wnaeth y modelau gwych hyn. Arhosodd Bentley yn Abertawe hyd ei farwolaeth ym 1810, ac felly mae'n debyg mai ef a fodelodd lawer o'r ffurfiau mwy cymhleth, megis y fasys a'r crochenwaith addurniadol a ddyluniwyd tua 1805-1807 ar gyfer y Cambrian Warehouse yn Llundain.

Crochenwaith caled du diwydredd yw basalt, a gafodd ei berffeithio gan Wedgwood ym 1768 a'i gyflwyno yn Abertawe o tua 1790 ymlaen, pan ymddangosodd 'Egypt Black Sugar Box' mewn derbynneb gan y Parchedig John Collins o Oxwich. Ychydig iawn o enghreifftiau gyda marc Crochendy Abertawe neu'r Cambrian sydd wedi goroesi, ond rhaid bod cryn dipyn ohonynt wedi'u gwneud.

Mae ffigwr Cleopatra yn seiliedig ar gerflun marmor Rhufeinig adnabyddus o Ariadne yn cysgu, yn Amgueddfa Capitoline yn Rhufain, y credid ar y pryd ei fod yn gerflun o Cleopatra.

Jwg, 1800

Coles & Haynes

Paentiwyd gan Thomas Pardoe

Perlwaith

Uchder 24.9 cm, diamedr 18.5 cm, lled 25.1 cm

Arysgrifiwyd: *Mr. Husbands / Swansea / 1800*

Cymynrodd Ernest Morton Nance, 1952

NMW A 30373

Mae'r testunau, wedi'u harysgrifio gan Thomas Pardoe, prif arlunydd Crochendy'r Cambrian, yn dweud *TRADE & AGRICULTURE; SUCCESS TO NY* a *PRESERVING OUR COUNTRY RELIGION & LAWS. UNITED & FIRM WE SUPPORT THE GOOD CAUSE.* Yr 'achos da' oedd y rhyfel â Ffrainc, a byddai'r teimladau gwladgarol hyn wedi plesio Pardoe. Fel ei dad-yng-nghyfraith Roger Landeg, roedd Pardoe yn wirfoddolwr brwd yn Lleng Troedfilwyr Abertawe, Gŵyr a Chilfái. Paentiodd liwiau'r lleng ym 1801 a chyflawnodd 'ddyletswyddau arbennig a phwysig' a allai fod wedi cynnwys sgowtio'r arfordir.

Roedd themâu masnach ac amaeth yn annwyl i Jaques Husbands, y gwelir ei fonogram, *JMH*, o dan y pig. Tirfeddiannwr a gwneuthurwr edau wlân oedd Husbands, yn wreiddiol o Coventry. Roedd yn byw yn agos i Roger Landeg, ac efallai ei fod yn adnabod Pardoe. Roedd hefyd yn berchen ar dŷ a gardd 'cyfleus a ffasiynol' yn Frog Street, Abertawe.

Jwg berlwaith Crochendy'r Cambrian, wedi'i harysgrifio *SWANSEA / VOLUNTEERS* gan Thomas Pardoe, tua 1800-1802.

Mwg, tua 1805-1806

Haynes, Dillwyn & Co

Paentiwyd, yn ôl pob tebyg gan Thomas Pardoe

Perlwaith

Uchder 15.9 cm, diamedr 11.2 cm

Heb ei farcio

Rhoddwyd gan Gyfeillion Amgueddfa Cymru, 1956

NMW A 30395

Yn sgil ei fuddugoliaethau ar y môr yn erbyn Ffrainc, daeth y Llyngesydd Horatio Nelson (1758-1805) yn arwr cenedlaethol, ac roedd ei farwolaeth ym Mrwydr Trafalgar ym 1805 yn ddigwyddiad o bwys. Gwnaeth Crochendy'r Cambrian nifer o wrthrychau i'w goffáu, gan gynnwys jygiau a mygiau fel hwn sy'n dangos portread ohono. Roedd stoc y Cambrian Warehouse yn Llundain ym 1808 yn cynnwys nifer o jygiau 'hardd iawn' yn darlunio Nelson.

Mae'r goreuro gan Thomas Pardoe yn cynnwys border y portread yn ogystal â mes, blodau, deiliant a glöyn byw ar un ochr, a thywysen wenith a phryfyn ar yr ochr arall. Mae'r portread yn arddull fanwl William Weston Young ond gallai'n hawdd fod yn waith Pardoe. Mae'r ddelwedd yn deillio o bortread Lemuel Francis Abbott ym 1797, wedi'i engrafu mewn mesotint ym 1798, ond mae'r wyneb mwy garw ar y mwg yn debycach i Nelson. Efallai ei fod yn deillio o gof Pardoe ei hun, o ystyried y gallai Pardoe, fel gwirfoddolwr milwrol, fod wedi cyfarfod â Nelson pan ymwelodd â Chrochendy'r Cambrian ym 1802 ar ei ffordd i arolygu'r iard longau yn Aberdaugleddau.

Jwg a phlât,
Haynes, Dillwyn & Co., 1804 a thua 1802-1811

Perlwaith

Jwg: uchder 17.5 cm, diamedr 11.6 cm
Plât: diamedr 24.8 cm, uchder 1.9 cm

Marciau: Jwg heb ei marcio; plât: *SWANSEA*, yn argraffedig

Cymynrodd Ernest Morton Nance, 1952

NMW A 30705 a 30707

Mae dyluniad printiedig y jwg yn dangos llong arfog yn ei hwyliau dros drefniant o fotiffau llyngesol yn cynnwys pen môr-forwyn, canon, angor, tryfer, drwm ac arfau amrywiol. Roedd llongau deufast cyflym o'r fath yn addas at ddefnydd llyngesol neu fasnachol. Mae'r plât yn dangos cytar un mast wedi'i arfogi. Math o gwch gwaith oedd y llongau ysgafn a chyflym hyn, a chaent eu defnyddio fel arfer i gludo peilotiaid harbwr rhwng llongau mawr a'r lan. Mae'r printiau'n adlewyrchu pwysigrwydd llongau i gryfder economaidd a milwrol Prydain ar y pryd. Roedd printiau o longau fel hyn yn boblogaidd ar grochenwaith Prydeinig y cyfnod, ac fe'u cynhyrchwyd gan grochendai yn Swydd Stafford, Lerpwl a gogledd-ddwyrain Lloegr, yn aml i'w hallforio i'r Unol Daleithiau. Roedd yn naturiol y byddai crochendy mewn porthladd mawr fel Abertawe yn creu ei gyfres ei hun o brintiau llongau.

Mae'r arysgrif ar y jwg yn dweud *When this you See Remember me / And bear me in your mind / Tho' many leagues we distant be / Speak of me as you find / Wm. SAUNDERS / 1804*. Mae'n debygol bod y jwg wedi'i chomisiynu gan William Saunders pan oedd ar fin mynd ar y môr.

Mae'r dyluniadau print troslun o dan y gwydredd yn las a phorffor, gyda phigmentau o ocsidau cobalt a manganîs.

Fâs ar gyfer blodau sych, tua 1805
Haynes, Dillwyn & Co.
Basalt du
Uchder 31.6 cm, diamedr 14.3 cm
Marc: *SWANSEA*, yn argraffedig
Cymynrodd Ernest Morton Nance, 1952
NMW A 30783

Mae'r fâs wedi'i haddurno â phedwar grŵp o ffigyrau benywaidd, wedi'u mowldio ar wahân mewn cerfwedd isel a'u gosod ar yr wyneb. Un o'r rhain yw Britannia gyda llew, yn pwyntio at Pheme sy'n chwythu trwmped. Mae'r lleill yn cynnwys dynes yn gosod coron lawryf ar benddelw, un arall yn wylo dros wrn ar golofn a thrydedd yn dal cannwyll wedi'i chynnau. Mae'r rhain, a'r lliw du, yn awgrymu mai darn galarus yw hwn, o bosibl yn coffáu marwolaeth Nelson ym 1805 neu'r Cadfridog Ralph Abercrombie ym mrwydr Alexandria yn yr Aifft ym 1801.

Mae hwn yn wrthrych soffistigedig, wedi'i ysbrydoli gan gynhyrchion Josiah Wedgwood, ac mae'n dangos safon uchel gwaith Crochendy'r Cambrian. Cafodd ei lunio'n ofalus ar droell i ffurfio fâs glasurol gain, gyda rhychwaith wedi'i greu gan durn arbenigol yn troi ag injan o'r math a ddatblygwyd gan Wedgwood tua 1763.

Fâs a chaead, tua 1805
Haynes, Dillwyn & Co.
Paentiwyd gan Thomas Pardoe
Perlwaith
Uchder 30.2 cm, diamedr 19 cm
Marc: CAMBRIAN, wedi'i baentio mewn aur
Cymynrodd Ernest Morton Nance, 1952
NMW A 30554

Dyma enghraifft ragorol o sgiliau Thomas Pardoe. Mae'r tusw lliwgar o rosod, gellesg a blodau eraill, ynghyd â glöyn byw, yn adlewyrchu ei hyfforddiant yn ffatri borslen Derby yn y 1780au. Gwelir hyn hefyd yn y goreuro *caillouté* ('caregog') cymhleth sy'n gorchuddio cefndir glas dwfn y fâs. Roedd y patrwm hwn, a welwyd gyntaf ar borslen Sèvres yn y 1760au ac a oedd yn dal i fod yn ffasiynol hanner canrif yn ddiweddarach, yn un o'r pethau yr oedd Pardoe yn arbenigo arnynt.

Efallai fod y marc CAMBRIAN yn ysgrifen Pardoe yn nodi bod y fâs i fod i gael ei gwerthu yn y Cambrian Warehouse yn Llundain, sef ymgais uchelgeisiol Lewis Weston Dillwyn i dorri i mewn i farchnad Llundain. Ysgogodd y fenter hon repertoire o gynhyrchion newydd soffistigedig, oedd yn cyd-fynd o ran eu hansawdd a'u harddull.

Jwg, tua 1805
Haynes, Dillwyn & Co.
Paentiwyd gan Thomas Pardoe
Perlwaith
Uchder 24.5 cm, diamedr 19.6 cm
Marc: *SWANSEA*, wedi'i baentio mewn aur
Rhoddwyd gan F. Emile Andrews, 1922
NMW A 30556

Fel y prif arlunydd yng Nghrochendy'r Cambrian, roedd gan Thomas Pardoe repertoire rhyfeddol o eang, yn amrywio o'r addurniadau botanegol y mae'n fwyaf adnabyddus amdanynt i destunau swolegol, tirluniau a ffigyrau, chinoiserie a themâu clasurol, arfbeisiau a phatrymau goreuro.

Daeth Pardoe â gwreiddioldeb bywiog i'r gorau o gynnyrch y crochendy, gan dynnu ar ffynonellau printiedig ond gan ddefnyddio ei ddychymyg ei hun i gynhyrchu cyfansoddiadau mwy cymhleth. Mae'r teigr hwn yn gopi cywir o engrafiad gan James Heath yn *General Zoology* George Shaw ym 1800,[14] lle caiff ei ddisgrifio fel 'yr harddaf, ond y mwyaf dinistriol o'r creaduriaid pedwar troed.' Mewn cyferbyniad, ymddengys mai ffrwyth dychymyg Pardoe ei hun oedd y dirwedd gyda chreigiau, coed palmwydd a choed eraill.

Mae'r jwg hon yn un o dair jwg teigr y cofnodwyd eu bod wedi'u cynhyrchu yn Abertawe, ac mae'n bosibl eu bod yn wreiddiol wedi ffurfio set drawiadol mewn gwahanol feintiau. Mae'r fwyaf (uchder 26.8 cm) wedi'i phaentio gan arlunydd gwahanol, William Weston Young yn ôl pob tebyg, ac mae arni farc *CAMBRIAN* wedi'i baentio mewn aur. Mae marc *SWANSEA* wedi'i baentio ar y drydedd jwg, ond nid yw'n hysbys lle mae hi na beth yw ei maint.

---

[14] George Shaw, *General Zoology*, Cyfrol 1 Rhan 2 (1800)

Dau fwg, 1803-1806

Haynes, Dillwyn & Co.

Paentiwyd gan William Weston Young

Perlwaith

Bardd: uchder 15.5 cm, diamedr 11.3 cm.
Derwydd: uchder 15.5 cm, diamedr 11.5 cm

Marciau: *SWANSEA*, yn argraffedig

Rhoddwyd gan Wyndham D. Clark, 1951; rhoddwyd gan W. J. Grant-Davidson, 1994

NMW A 30118 a 32245

Ar ddiwedd y ddeunawfed ganrif a dechrau'r bedwaredd ganrif ar bymtheg datblygodd diddordeb deallusol yn niwylliant hynafol Cymru, yn enwedig ei hiaith, ei llenyddiaeth a'i cherddoriaeth. Câi beirdd a derwyddon eu gweld fel ffigyrau canolog yn nhreftadaeth Geltaidd Cymru. Ymhlith yr ymdrechion i feithrin hunaniaeth ar wahân i Gymru, gwelwyd adfywiad yn nhraddodiad yr Eisteddfod, sefydlwyd grwpiau fel Anrhydeddus Gymdeithas y Cymmrodorion a sefydlwyd Gorsedd y Beirdd yn Llundain ym 1792 gan y bardd a'r arloeswr radical, Iolo Morganwg (Edward Williams, 1747-1826).

Cafodd y ddelfryd o fardd Cymreig yn amddiffyn rhyddid Prydain fynegiant artistig gan Thomas Gray yn ei gerdd ddylanwadol *The Bard* (1755). Disgrifia'r bardd Cymreig olaf yn melltithio byddin oresgynnol Edward I o Loegr, ac ysbrydolodd ddelweddau eiconig fel llun enwog Thomas Jones, *Y Bardd*, ym 1774 ac un arall gan Philippe J. de Loutherbourg ym 1784. Ymddengys mai engrafiad o'r olaf oedd y brif ffynhonnell ar gyfer mygiau beirdd Crochendy'r Cambrian, ac mae sawl enghraifft ohonynt wedi goroesi, wedi'u paentio naill ai mewn unlliw sepia neu mewn lliw llawn. Fodd bynnag, y mwg hwn, gyda'r arysgrif *Druid* yn llawysgrifen Young, yw'r unig enghraifft o fwg derwydd y gwyddom amdani.

Gray's Bard yn null Philippe J. de Loutherbourg, blaenlun i lyfr Edward Jones, *Musical and Poetical Relicks of the Welsh Bards* (1784).

Dwy jwg, tua 1805

Haynes, Dillwyn & Co.

Paentiwyd gan Thomas Pardoe

Perlwaith

Chwith: uchder 19.1 cm, diamedr 15.3 cm
De: uchder 18.8 cm, diamedr 14.3 cm

Heb eu marcio

Cymynrodd Ernest Morton Nance, 1952; prynwyd, 2013 gydag arian wedi'i roi gan Dr Graham Jenkins er cof am Hilda Rose Jenkins gynt o Ynys-y-bwl

NMW A 30399 a 39527

Mae'r golygfeydd hyn, o oleudy'r Mwmbwls a'r neuadd yng Nghastell Caerffili, wedi'u nodi gan arysgrifau mewn aur gan Pardoe: *View near Swansea* a *Hall Caerphilly Castle*. Roedd Bae Abertawe a Chastell Caerffili yn gyrchfannau poblogaidd i dwristiaid yn y 1790au a'r 1800au, fel yr oedd Crochendy'r Cambrian ei hun, felly mae'n bosibl i'r ddwy jwg gael eu creu fel cofroddion i deithwyr cefnog ar daith o amgylch golygfeydd hardd y de.

Ni nodwyd unrhyw ffynonellau print ar gyfer y golygfeydd hyn, felly mae'n debygol eu bod yn seiliedig ar yr hyn a welodd Pardoe ei hun. Ym 1804 disgrifiwyd yr olygfa o oleudy'r Mwmbwls trwy fwa naturiol yn y clogwyni ger Ystumllwynarth fel un 'hynod o hardd' a'r goleudy ei hun fel man lle na ellid ei gyrraedd 'heblaw ar droed ar lanw isel, a hyd yn oed wedyn nid yw'n hawdd iawn i'w ddringo.'[15] Mae adfeilion mawreddog Castell Caerffili yn ymddangos mewn nifer o brintiau topograffig o'r cyfnod hwn.

---

[15] E. Donovan, *Descriptive excursions through south Wales and Monmouthshire, in the year 1804, and the four preceding summers* (1805), cyfrol 2

Dysgl hufen a stand, tua 1805
Haynes, Dillwyn & Co.
Paentiwyd gan Thomas Pardoe
Perlwaith
Dysgl a chaead: uchder 17.9 cm
Heb ei farcio
Cymynrodd Ernest Morton Nance, 1952
NMW A 30518

Mae'r ddysgl hufen hon o set o lestri pwdin yn nodweddiadol o'r addurniadau botanegol cain y mae Thomas Pardoe yn fwyaf adnabyddus amdanynt. Gwnâi gopïau pensel a dyfrlliw manwl o'i ffynonellau print i allu cyfeirio atynt. Ei ffynonellau gwyddonol oedd *Botanical Magazine*, William Curtis a *Botanist's Repository*, Henry Andrews.

Ceir arysgrif ar y ddysgl sy'n nodi enwau'r blodau, ac maent yn seiliedig ar engrafiadau a gyhoeddwyd gan Curtis ym 1790, 1791, 1797 a 1798, sef 'Mediterranean Stock', 'Many Flowered Zinnia', 'Scarlet Flowered Cyrilla', 'Martinico Iris' a 'Peerless Daffodil'.

Wrth gynhyrchu setiau o lestri botanegol o'r math hwn, roedd Crochendy'r Cambrian yn dilyn ffasiwn a welwyd gyntaf gan ffatri borslen Royal Copenhagen ym 1790 ac wedyn yn yr un degawd gan ffatrïoedd porslen yn Lloegr, fel Derby.

Comport, neu ddysgl ganol; comport, dysgl hufen a phowlen, tua 1805

Haynes, Dillwyn & Co.

Paentiwyd gan William Weston Young; paentiwyd gan Thomas Pardoe

Perlwaith

Top: uchder 12.8 cm, hyd 32.1 cm
De: Comport: uchder 13.3 cm, hyd 25.7 cm
Dysgl: uchder 14 cm, hyd 22.3 cm
Powlen: diamedr 19.7 cm, uchder 4.1 cm

Marciau: SWANSEA, yn argraffedig

Rhoddwyd gan Kildare S. Meager, 1947. Prynwyd, 1988

NMW A 30532, 30492, 30488, 30491

Mae'r darnau hyn o ddwy set wahanol o lestri pwdin yn darlunio arddulliau cyferbyniol William Weston Young a Thomas Pardoe. Ar y top gwelir comport, neu ddysgl ganol, o set o lestri gyda'r monogram anhysbys *RIR* wedi'i arysgrifio arni. Mae'r eryr aur, a gopïwyd o engrafiad a gyhoeddwyd ym 1795 yn *The Birds of Great Britain* gan William Lewin, wedi'i baentio gan Young yn ei arddull nodweddiadol ofalus, gyda'r amlinelliadau clir a'r lliwiau a'r gweadau wedi'u darlunio'n fanwl iawn.

Ar y dde mae darnau o set o lestri a oedd yn eiddo i Thomas Edmondes o'r Hen Neuadd, y Bont-faen. Copïodd Pardoe yr holl adar o naill ai *British Birds* (1797-1804) gan Thomas Bewick neu *The Birds of Great Britain*, er eu bod wedi'u paentio mewn arddull fwy bras gyda llai o sylw i gywirdeb gwyddonol. Mae'r comport yn dangos nicos, y bowlen yn dangos cnocell fraith leiaf a'r ddysgl hufen yn dangos dringwr bach, tingoch, crec yr eithin a thelor yr helyg.

Copïodd Pardoe brintiau mewn pensel a dyfrlliw cyn eu 'pricio' i'w troslunio ar grochenwaith. Mae'r broses hon yn cael gwared ar yr angen i allu paentio amlinelliadau, felly efallai mai gwaith dwylo llai medrus yn copïo ei fodelau yw rhai o 'baentiadau' Pardoe mewn gwirionedd.

Set addurniadol o ddwy fâs a phot matsis, tua 1805

Haynes, Dillwyn & Co.

Paentiwyd gan Thomas Pardoe

Perlwaith

Fasys: uchder 21 cm, diamedr 11 cm

Pot matsis: uchder 18.4 cm, diamedr 8.8 cm

Marc: *SWANSea*, wedi'i baentio mewn aur ar un fâs

Prynwyd, 1992 (Casgliad Syr Leslie Joseph)

NMW A 31122-31124

Mae'r rhain yn enghreifftiau unigryw o'r arddull addurno hon gan Pardoe. Mae'r cartouches ar un ochr yn cynnwys golygfeydd chinoiserie gyda ffigyrau ac adeiladau, a'r rhai ar yr ochr arall yn cynnwys blodau wedi'u paentio mewn coch. Mae'r addurniadau, a'r siapiau, yn adleisio porslen Tsieineaidd gwreiddiol. Mae'r cefndir patrwm cennog mewn tanwydredd glas a'r golygfeydd enamlog yn atgoffa rhywun o borslen a allforiwyd o Tsieina ar ddiwedd y ddeunawfed ganrif wedi'i addurno yn y palet 'Mandarin'.

Mae'n debyg fod y ddwy fâs balwstr wedi colli eu caeadau, ac yn wreiddiol mae'n bosibl fod y set lawn wedi cynnwys tair fâs o'r fath ynghyd â dau bot matsis. Byddai hyn yn cyfateb i'r disgrifiad o un o'r lotiau yng ngwerthiant Christie's o stoc y Cambrian Warehouse ar 22 Ebrill 1808: 'Tair fâs â chaead wedi'u paentio â ffigyrau a dau bot matsis'.[16]

Mae'r addurnwaith cyferbyniol ar bob ochr yn dangos bod y fasys wedi'u dylunio fel bod modd eu troi. Gwyddom fod Josiah Wedgwood wedi creu amrywiaeth yn ei arddangosfeydd yn Llundain trwy droi'r fasys bob ychydig ddyddiau, yn unol â'i fwriad y dylai 'busnes a difyrrwch fynd law yn llaw.'

[16] Lot 65

Lamp olew, tua 1805
Haynes, Dillwyn & Co.
Perlwaith
Uchder 24.2 cm, hyd 26.4 cm
Heb ei farcio
Cymynrodd Ernest Morton Nance, 1952
NMW A 30807

Bwriadwyd i'r darnau glas tywyll ar y lamp hon fod yn gefndir ar gyfer gloywedd amryliw o'r enw 'Chamelion' a oedd, yn ôl William Dillwyn, yn arddangos cymysgedd o liwiau'r enfys. Ychwanegodd fod ei fab, Lewis Weston, wedi bod yn brysur yn cymhwyso ei wybodaeth gemegol i ddatblygu 'ei loywedd.' Mae catalogau gwerthu'r Cambrian Company ym 1808 yn sôn am loywedd yn amlach nag unrhyw fath arall o addurno, gan nodi bod warws y crochendy yn Llundain yn cael ei ystyried fel man i arddangos techneg Lewis Weston. Fel yr ysgrifennodd ei dad, roedd yn bwriadu 'syfrdanu'r cyhoedd drwy agor siop yn Fleet Street'.

Dyluniwyd ystod o fasys a gwrthrychau addurnol eraill ar gyfer y gloywedd hwn, ond doedd y gorffeniad symudliw ddim yn para, ac erbyn hyn mae wedi diflannu bron yn llwyr. Mae'n ymddangos na wnaeth y llestri hyn werthu'n dda iawn chwaith. Fel y cellweiriodd George Haynes ym mis Gorffennaf 1807: 'The Lustre has been much admired but is dull of sale'.

Mae'r lamp hon ar ffurf Rufeinig gyda gwyryf Vesta'n penlinio i'w llenwi. Mae'n copïo dyluniad gan Wedgwood tua 1775 a oedd yn seiliedig ar ddyluniadau gan yr arlunydd amatur Ffrengig, Jean-Claude-Richard de Saint-Non (1729-1791).

Pot mêl, tua 1805
Haynes, Dillwyn & Co.
Perlwaith
Uchder 13.2 cm, diamedr 14.2 cm
Marc: *SWANSEA*, yn argraffedig
Cymynrodd Ernest Morton Nance, 1952
NMW A 30735

Yn ddigon priodol, mae'r pot mêl hwn ar ffurf cwch gwenyn gwellt traddodiadol. Gallwn weld gwenynen wedi'i phaentio yn yr agoriad bach. Mae potiau mêl cerameg o'r cyfnod hwn yn brin iawn, ac mae'n debyg mai fel eitemau digri a gwahanol y cawsant eu creu. Gwnaeth Wedgwood, Davenport ac Elijah Mayer botiau mêl siâp cychod gwenyn mewn melynwaith ('caneware') diwydredd ar ddechrau'r bedwaredd ganrif ar bymtheg, ond mae'r gwahaniaethau sylweddol yn nyluniad y pot hwn yn awgrymu bod Abertawe wedi cael ei ysbrydoliaeth o rywle arall. Efallai mai potiau mêl arian ar ffurf cychod gwenyn oedd y ffynhonnell, gan i Paul Storr wneud nifer ohonynt ar ddiwedd y 1790au a dechrau'r 1800au.

Mae'r addurniadau yn debyg i rai a welir ar jwg a soser hufen yng nghasgliad yr Amgueddfa, felly gallent i gyd fod wedi bod yn rhan o set o lestri brecwast.

Set o lestri swper, tua 1805
Haynes, Dillwyn & Co.
Perlwaith
Dysgl ganol: uchder 20.1 cm
Marciau: *SWANSEA*, yn argraffedig
Cymynrodd Ernest Morton Nance, 1952
NMW A 30818-30835

Ymddangosodd setiau o lestri swper fel hyn gyntaf yn y 1790au, ffasiwn a oedd yn gysylltiedig â'r arfer newydd o fwyta bwyd dros ben yn hwyr y nos. Roedd cynhyrchu setiau a oedd yn ffitio'n iawn yn ddrud ac yn galw am gywirdeb manwl, felly dim ond crochendai uchelgeisiol fel Abertawe a âi i'r drafferth o'u gwneud.

Gwnaeth Crochendy Abertawe setiau o lestri swper mewn o leiaf ddau gynllun. Yn y ffurf gylchol, ceir dysgl ganol wedi'i hamgylchynu gan bedair dysgl siâp cwadrant. Yn y dyluniad hirgrwn mwy cywrain hwn, ceir cylch allanol o ddysglau agored cul a dwy ddysgl fach â chaeadau, y cyfan wedi'i gynllunio i ffitio ar hambwrdd hirgrwn mawr. Fel arfer, byddai setiau o lestri swper yn cynnwys set o ddeuddeg plât.

Mae llythyrau teulu Dillwyn ar y pryd yn tynnu sylw at newydd-deb setiau o'r fath ar ddechrau'r bedwaredd ganrif ar bymtheg a'r dryswch y gallent ei achosi, hyd yn oed i deulu'r perchennog. Ym 1804, ysgrifennodd William Dillwyn at ei ferch, Suzanna, yn Philadelphia yn sôn am set o lestri swper o Grochendy Abertawe a anfonwyd at berthynas yn America: 'he mentioned that he knew not how it was to be used – a difficulty which I hope [can be] removed by pointing out the necessity of a circular Mahogany Tray made to fit and contain the principle [sic] articles, forming a circle.'

Set o lestri swper gydag wyth plât a hambwrdd, tua 1805

Haynes, Dillwyn & Co.

Addurnwyd gan William Weston Young a Thomas Pardoe

Perlwaith

Hambwrdd: diamedr 53.4 cm
Dysgl a chaead: uchder 24 cm
Platiau: diamedr 20.3 cm

Marciau: *SWANSEA*, yn argraffedig, ar y pum caead a sawl plât; *C*, yn argraffedig neu wedi'i endorri ar y pum caead; rhifolion wedi'u hendorri ar y llestri a'r caeadau

Prynwyd gyda chymorth y Gronfa Gelf, Dr Graham Jenkins a Jonathan Gray, 2015

NMW A 39578-39590, 51746

Mae'r amrywiaeth o anifeiliaid a baentiwyd ar y set hon o lestri swper yn awgrymu bod yma ymgais i gynrychioli'r holl gyfandiroedd. Daw'r panther (jagwar) a'r marmoset o America, gafrewig a charw danas o Ewrop, llewpard yr eira a nilgai o Asia, sebra a llew o Affrica, a'r cangarŵ o Awstralia (y darlun cynharaf o'r anifail hwn ar gerameg o bosibl). Mae'r lle mwyaf blaenllaw wedi'i roi i'r teigr ar waelod y ddysgl ganol.[17]

Y prif ffynonellau print a ddefnyddiwyd oedd *General Zoology*[18] George Shaw ac *A General History of Quadrupeds* gan Thomas Bewick.[19] Ymhlith ffynonellau eraill a allent fod wedi'u defnyddio mae *Histoire Naturelle* Buffon[20] ac engrafiadau yn null paentiad George Stubbs, *The Kongouro from New Holland* (1772).

Efallai fod perchnogion cyntaf y set lestri hon yn gyfarwydd ag anifeiliaid egsotig o'r fath, a oedd yn serennu yn y gwahanol sioeau anifeiliaid yn Llundain ac yn teithio'r wlad, a hyd yn oed yn crwydro nifer o ystadau gwledig Prydain.

---

[17] Andrew Renton, 'A tabletop menagerie: a Cambrian Pottery zoological supper service', *English Ceramic Circle Transactions*, 27 (2016), tt. 119-141

[18] George Shaw, *General Zoology or Systematic Natural History: Mammalia*, cyfrolau 1 a 2 (1800, 1801)

[19] Thomas Bewick, *A General History of Quadrupeds* (1790)

[20] Georges-Louis Leclerc, Comte de Buffon, *Histoire Naturelle*, cyfrol IX (1761) ac argraffiadau diweddarach

Tebot, tua 1805
Haynes, Dillwyn & Co.
Melynwaith
Uchder 7.8 cm, hyd 20.5 cm
Marc: *SWANSEA*, yn argraffedig
Cymynrodd Ernest Morton Nance, 1952
NMW A 30785

Soniodd Joshua Gilpin, wrth ymweld â Chrochendy'r Cambrian ym mis Awst 1796, eu bod yn cynhyrchu 'llestri melyn afloyw a wnaed i ddynwared crwst pasteiod, past ac ati.' Cafodd y crochenwaith caled diwydredd a elwid yn 'caneware' ei gyflwyno gan Wedgwood ddiwedd y 1770au a'i ddefnyddio'n helaeth o ganol y 1780au tan tua 1820. Fe'i defnyddiwyd ar y pryd i wneud dysglau pastai a edrychai'n debyg i grwst, mewn ymateb i brinder blawd yn ystod y rhyfel â Ffrainc. Mae llestri melynwaith neu 'caneware' Abertawe yn brin iawn. Ar wahân i rai dysglau pasteiod, yr unig enghreifftiau y gwyddom amdanynt yw'r tebot hwn, jwg hufen o'r un dyluniad sydd bellach yn Amgueddfa Frenhinol Ontario, a jwg hufen o ddyluniad gwahanol yn Amgueddfa Victoria ac Albert.

Mae ansawdd y tebot, a chymhlethdod ei fowld, yn tystio i'r sgiliau modelu a chreu mowldiau soffistigedig yng Nghrochendy'r Cambrian ar ddechrau'r bedwaredd ganrif ar bymtheg. Mae'r siâp yn nodweddiadol o debotau a wnaed tua 1800-1810 gan nifer o gwmnïau, ac mae'n deillio o arddull glasurol ffasiynol tebot a wnaed gyntaf mewn arian a phlât Sheffield.

Mae'r motiffau a osodwyd arno mewn cerfwedd isel yn darlunio un ffigwr benywaidd mewn gwisg laes yn arllwys olew ar badell dân ac un arall yn darllen llyfr. Roedd gwneuthurwyr eraill y cyfnod yn defnyddio mowldiau tebyg.

Dysgl hufen, tua 1810-1812
Dillwyn & Co.
Perlwaith
Uchder 14.4 cm, hyd 22.2 cm
Marc: *SWANSEA*, yn argraffedig
Prynwyd, 1926
NMW A 30778

Daw'r ddysgl hufen hardd hon o set o lestri pwdin a wnaed tua'r adeg y daeth partneriaeth Dillwyn â George Haynes i ben, gan drosglwyddo awenau Crochendy'r Cambrian i bartneriaeth newydd Bevington. Credir bod y marc *SWANSEA* yn argraffedig ar y ddysgl wedi cael ei ddefnyddio rhwng tua 1804 a 1810, ond mae darnau eraill gyda'r un patrwm yn dangos y marc argraffedig *DILLWYN & Co* a ddefnyddiwyd yn y blynyddoedd 1811-1817. Mae'n amlwg fod Crochendy'r Cambrian wedi cadw o leiaf un goreurwr medrus yn dilyn ymadawiad Thomas Pardoe ym 1809, ac ni fyddai'r patrwm hwn wedi bod allan o'i le ar borslen Abertawe a gynhyrchwyd o tua 1815 ymlaen.

Mae'r siâp un darn yn cynnwys stand ac wedi'i seilio'n fanwl ar ddyluniad gan Wedgwood o tua 1775. Mae'n un o lawer o siapiau Crochendy'r Cambrian a fodelwyd ar rai gwreiddiol gan Wedgwood. Roedd dynwared siapiau a phatrymau'r arloeswr hwnnw yn ddyfais farchnata bwysig, ffaith a ategwyd gan y cyfeiriadau niferus at lestri 'Wedgewood' yng nghatalogau gwerthu 1808 y Cambrian Warehouse.

Dau blât, 1811-1817
Dillwyn & Co.
Perlwaith
Chwith: diamedr 25.2 cm, uchder 2.3 cm
De: diamedr 24.7 cm, uchder 2.4 cm
Marciau: *DILLWYN & Co*, yn argraffedig
Cymynrodd Ernest Morton Nance, 1952
NMW A 31158 a 30664

Mae'r platiau cyferbyniol hyn yn dangos y newid pwyslais yn dilyn methiant menter y Cambrian Company ym 1808 ac ymadawiad y prif arlunydd Thomas Pardoe ym 1809 a phartner Dillwyn, George Haynes, ym 1810. Parhaodd rhywfaint o'r paentio â llaw, ond roedd y prif ffocws bellach ar grochenwaith print troslun.

Mae'n debyg bod paentio mewn lliwiau tanwydredd wedi dod i ben, ond mae'r plât ar y chwith gyda'i dirwedd chinoiserie yn dangos bod paentio mewn glas tanwydredd wedi parhau, gan gadw at arddull a oedd yn nodweddiadol o'r 1780au. Ychydig o enamlo ar wydredd a ddigwyddai, heblaw ambell i batrwm yn lliwiau trawiadol y Rhaglywiaeth a phrintiau botanegol wedi'u llenwi â llaw â lliwiau enamel. O 1814 ymlaen, gwelwyd adfywiad rhyfeddol mewn addurniadau wedi'u paentio, ond dim ond ar borslen.

Ar y plât printiedig, ceir patrwm yr ymddengys ei fod yn unigryw i Grochendy Abertawe, gyda llewpard neu tsita yn erlid antelop, a hyn hefyd mewn tirwedd chinoiserie. Fe'i haddaswyd o ôl-addurn yn *A General History of Quadrupeds* gan Thomas Bewick. Ochr yn ochr â phatrymau arbennig o'r fath, roedd y crochendy'n dibynnu'n bennaf ar batrymau chinoiserie cyffredin megis fersiwn o'r patrwm helyg a elwir yn batrwm 'Long Bridge'.

Ôl-addurn wedi'i engrafu i 'The Tiger' o *A General History of Quadrupeds* gan Thomas Bewick (1790).

Ffigwr grŵp o ddau gyfeirgi, 1811-1817
Dillwyn & Co.
Crochenwaith ffelsbathig
Uchder 8 cm, hyd 13.6 cm
Marc: *DILLWYN & Co*, yn argraffedig
Prynwyd, 1988
NMW A 30740

Y cyfeirgwn, Pluto a Juno yw'r ddau gi, sy'n deillio o engrafiad a ddefnyddiwyd ym 1802 yn *Rural Sports* gan y Parchedig W. B. Daniels. Mae'r ffigyrau mewn cerfwedd isel ac mae'r cefn yn wastad, math anarferol sy'n arbennig o brin mewn crochenwaith caled. Gwnaeth Crochendy'r Cambrian o leiaf ddau ddyluniad gwahanol o'r math hwn o ffigwr grŵp addurniadol ar sylfaen hirsgwar grisiog. Enghraifft amlwg arall yw ffigwr Toby Fillpot, sy'n fwyaf adnabyddus ar ffurf jygiau tobi, yn eistedd wrth fwrdd ac yn ysmygu ei bibell.

O ystyried pa mor brin ydynt, ac na wnaed crochenwaith cerameg o'r fath yn Abertawe fel arall, mae'n ymddangos mai canlyniad arbrawf byr oedd y ffigwr grŵp hwn. Efallai mai gwaith J. W. Biggs o Coalport ydoedd. Fel y cofiai'r arlunydd porslen yng Nghrochendy Abertawe, Henry Morris, ym 1850, cafodd Biggs ei gyflogi yng Nghrochendy'r Cambrian am ychydig fisoedd tua 1813 i wneud porslen, ond y cyfan a lwyddodd i'w wneud oedd 'eitem weddol dda mewn crochenwaith caled.'

Pluto and Juno, engrafiad gan J. Scott yn null S. Gilpin, o *Rural Sports* gan y Parchedig W. B. Daniels (1802). © Ymddiriedolwyr yr Amgueddfa Brydeinig.

Jwg, 1814
Dillwyn & Co.
Wedi'i engrafu gan *James Brindley*
Priddwaith gwydrog melyn
Uchder 14 cm, diamedr 13.2 cm
Heb ei farcio; llofnod ar y print *Ja Brindley*
Cymynrodd Ernest Morton Nance, 1952
NMW A 30680

Erbyn 1813, gan wybod efallai fod Dillwyn yn awyddus i archwilio'r posibilrwydd o gynhyrchu porslen, daeth yr engrafwr James Brindley i Abertawe o Swydd Stafford. Yn ôl pob tebyg, gweithiai'n annibynnol, yn atgyweirio platiau copr ac engrafu patrymau newydd. Mae rhai o'r rhain yn ymddangos ar borslen Abertawe, ond y mwyaf adnabyddus yw'r print troslun hwn i goffáu trechu Napoleon ym mis Ebrill 1814 a'i alltudio i ynys Elba.

Mae hwn yn gyfansoddiad cymhleth yn nhraddodiad dychanol James Gillray a Thomas Rowlandson. Mae arysgrif o amgylch y gwddf yn nodi'r testun: '*BONAPARTE DETHRON'D April 1st 1814*', gan newid y dyddiad go iawn o ychydig ddyddiau i gyd-daro â dydd Ffŵl Ebrill. Wedi'i brintio mewn coch, mae'r llun yn dangos Napoleon mewn cadwyni yn cael ei lusgo i bwll tanbaid gan y Diafol, ac wedi'i amgylchynu gan gymeriadau amrywiol, pob un â swigen siarad. Mae dyn â choes artiffisial a ffidil yn gofyn, '*Oh, destitute Boney / Where are you now*'; tra bod Bonaparte yn galarnadu, '*Oh, Cursed Ambition what / hast thou brought me / to Now*'; a'r Diafol yn dweud wrtho,

'*Why to me Come. Come. / along thou hast been / a most Dutyful / Child.*'

Mae'r engrafiad hwn hefyd yn ymddangos ar jygiau priddwaith gwyn, wedi'u printio mewn du a'u trosbaentio mewn enamelau.

Jwg Crochendy'r Cambrian gyda phrint *BONAPARTE DETHRON'D*, 1814.

Jwg, tebot a phlât, tua 1811-1817
Dillwyn & Co.

Priddwaith
Jwg: uchder 22.3 cm
Tebot: hyd 26 cm
Plât: diamedr 20.5 cm

Marciau: jwg *DILLWYN & Co. SWANSEA* (printiwyd mewn cylch); plât: *DILLWYN & Co* (yn argraffedig)

Cymynrodd Ernest Morton Nance, 1952

NMW A 30670, 30704, 30691

Dyma enghreifftiau o'r priddwaith printiedig o ansawdd da a gynhyrchwyd yng Nghrochendy'r Cambrian ychydig cyn i Lewis Weston Dillwyn ddechrau gwneud porslen yno. Mae'r jwg gwrw'n dathlu buddugoliaethau Wellington ym Mhortiwgal a Sbaen rhwng 1808 a 1812. Mae wedi'i phrintio mewn tanwydredd glas gyda Britannia yn ei cherbyd yn sathru baner Ffrainc o dan ei thraed, a ffigwr asgellog Buddugoliaeth.

Mae'r tebot perlwaith wedi'i brintio mewn brown gwydrog gydag addurniadau o gregyn a gwymon a thorchau o ddail a blodau o amgylch y gwddf a'r caead.

Mae arysgrif ar y tebot: *Thomas Cornish to Mary Northey, June 30th, 1813*. Mae'n debyg mai cwpl o Pluwwenep (Gwennap), ardal fwyngloddio copr yng Nghernyw, oedd Thomas a Mary ac mai dathlu eu priodas oedd yr arysgrif, er bod y ddau wedi mynd yn eu blaenau i briodi partneriaid eraill yn fuan ar ôl y dyddiad hwn.

Gwnaeth Crochendy'r Cambrian setiau o blatiau pwdin hufenwaith hefyd, wedi'u printio mewn du neu frowngoch gydag adar a phlu yn null torluniau pren gan yr engrafwr gwych o Newcastle, Thomas Bewick (1753-1828). Yma gwelir aderyn y bwn lleiaf o *Water Birds* Bewick, 1804.

4 | Gwaith Tsieni Abertawe 1814-1826

Ym mis Mawrth 1810 diddymwyd partneriaeth Dillwyn a Haynes. Aeth Dillwyn ati'n ddiymdroi i fuddsoddi mewn adeiladau ac offer newydd, gan ddyblu cynnyrch y Crochendy bron iawn, a'r flwyddyn ganlynol daeth ei reolwr Timothy Bevington a John ei fab yn bartneriaid yn y busnes. Gadawodd Thomas Pardoe i sefydlu ei fusnes addurno tsieni a gwydr ym Mryste. Cyflwynodd y ffatri gyfres newydd o briddwaith printiedig cain, gan lwyddo i wneud elw o £1,500-£2,000 y flwyddyn rhwng 1810 a 1813. Er mai byrhoedlog fu'r Cambrian Company yn Llundain ym 1808, parhaodd uchelgais Dillwyn i wneud crochenwaith o'r radd flaenaf ar gyfer marchnad Llundain. I wneud hynny, byddai'n rhaid iddo gynhyrchu porslen a allai gystadlu â'r ffatrïoedd blaenllaw yn Lloegr a'r hyn a gâi ei fewnforio o Ffrainc. Mae tystiolaeth bod Abertawe wedi cynhyrchu rhywfaint o borslen tua 1806, a bod treialon o bosibl wedi ailddechrau ym 1813.

Fel mae'n digwydd, daeth William Billingsley (gweler t. 139) a Samuel Walker i Nantgarw ym mis Tachwedd y flwyddyn honno. Roeddent wedi bod yn gweithio i gwmni Barr, Flight and Barr yng Nghaerwrangon, lle'r oeddent wedi datblygu corff porslen newydd. Fodd bynnag, nid oedd y cwmni wedi bwrw ymlaen i'w gynhyrchu, felly gadawsant yn frysiog gyda'r bwriad o'i gynhyrchu eu hunain.

Erbyn haf 1814, roeddent wedi esblygu porslen eithriadol dryleu yn Nantgarw. Roedd y corff gwydraidd wedi'i ffritio yn cynnwys lludw esgyrn, tywod a photash yn gymysg â chlai tsieni, ond roedd yn anodd ei weithio a chafwyd colledion niferus yn yr odyn. Cyn hir, roeddent wedi rhedeg allan o arian, ac ym mis Medi 1814 cytunwyd i symud i Abertawe, lle'r adeiladodd Dillwyn Waith Tsieni Abertawe, wrth ymyl Crochendy'r Cambrian. Daeth i'r casgliad yn fuan fod y corff a ddatblygwyd yn Nantgarw yn 'rhy debyg i wydr i allu gwrthsefyll y gwres oedd ei angen.' Cymerodd flwyddyn i berffeithio odyn ar gyfer porslen, ac i ddatblygu mathau eraill o gorff, ond erbyn hydref 1815 roeddent yn gwerthu cyflenwadau bach o borslen yn lleol.

Roedd y ffatri'n cynhyrchu dau fath gwahanol iawn o borslen - darnau wedi'u ffritio yn cynnwys sebonfaen, gydag ymddangosiad graenog ac weithiau bron yn dryleu wyn (nid yn annhebyg i borslen past caled Ffrengig), a darnau oedd yn gymysgedd o glai tsieni, carreg tsieni a lludw esgyrn, yn debyg i'r tsieni asgwrn a oedd yn dod yn rysáit safonol mewn ffatrïoedd porslen ym Mhrydain. Roedd yr olaf hefyd yn cynnwys rhywfaint o glai glas a chalch, gan greu gwawr werdd ar y cynnyrch a pheri i'r deunydd gael yr enw 'duck-egg'.

Ym mis Gorffennaf 1816 dathlodd y ffatri archeb am set o lestri te gan y Dywysoges Charlotte, merch y Rhaglyw Dywysog, a lansiwyd y porslen newydd ar y farchnad yn Llundain. Yn hytrach nag agor ystafell arddangos arall, gwerthodd y ffatri ei phorslen drwy brif fân-werthwyr annibynnol y dydd, ac yn arbennig yn siop Mortlock ar Oxford Street. Er mwyn apelio at farchnad fetropolitaidd soffistigedig, seiliodd Gwaith Tsieni Abertawe arddull ei grochenwaith ar borslen Ffrengig y cyfnod. Cyflogodd oreurwr o Ffrainc a datblygwyd tîm eithriadol o baentwyr tsieni. Roedd nifer o'r rhain, yn enwedig David Evans, Henry Morris a William Pollard, yn arbenigo mewn trefniadau blodau gwyllt a gardd. Roedd Thomas Baxter (gweler t. 140), a oedd wedi hyfforddi fel artist yn Ysgolion yr Academi Frenhinol, hefyd yn gweithio i'r ffatri ym 1816-1819, gyda chyfran arall o'r darnau porslen yn cael eu cyflenwi yn ddiaddurn ('*in the white*') i addurnwyr annibynnol. Roedd y darnau hyn yn ddeniadol iawn i bobl gyfoethog a ffasiynol. Ym mis Medi 1817 adroddodd papur newydd *The Cambrian* am y gwaith: 'the magnificent services of porcelain now executing by the Cambrian Manufactory for the Marquesses of Bute and Exeter, and Mr Coutts far excel any china we have seen manufactured in this country.'

Serch hynny, roedd llawer o borslen Abertawe – yn enwedig y llestri te – nad oedd yn cael ei addurno â llaw. Yn hytrach, defnyddid patrymau ailadroddus neu batrymau 'safonol' syml y gellid eu cynhyrchu'n gyflym gan weithwyr lled-fedrus. Roedd y crochenwaith hwn yn cystadlu â chrochenwaith ffatrïoedd di-ri eraill am farchnad y dosbarth canol, mewn cyfnod o ddirwasgiad economaidd. Er bod y corff tsieni asgwrn yn creu porslen hardd, cyflwynwyd corff arall ym mis Mawrth 1817, a oedd wedi'i ffritio ac yn cynnwys llawer o sebonfaen. Mae gan y corff hwn dryleuder melynaidd a gwydredd braidd yn dyllog. 'Trident' yw ei enw yn sgil y marc sydd wedi'i argraffu arno'n aml. Er y diffygion hyn, roedd Dillwyn yn argyhoeddedig bod y ffatri ar drothwy llwyddiant ariannol; ond ym mis Medi 1817 bu farw ei dad-yng-nghyfraith, a'i adael yntau'n gyfrifol am redeg yr ystâd a adawyd i'w fab ifanc. Rhoddodd Grochendy'r Cambrian a Gwaith Tsieni Abertawe ar brydles i bartneriaeth newydd dan arweiniad Timothy a John Bevington, gan werthu'r stoc (diaddurn gan mwyaf) am £2,500. Er mai ychydig iawn o borslen a gynhyrchodd partneriaeth Bevington ar ôl 1817, roedd miloedd o ddarnau wedi'u paentio ar werth tan Ionawr 1826.

Cwpan a soser, 1815-1816
Wedi'u paentio o bosibl gan William Billingsley
Porslen sebonfaen[21]

Cwpan: uchder 6.5 cm
Soser: diamedr 13.9 cm

Marc: *Swansea* wedi'i baentio mewn aur (soser)

Rhoddwyd gan Hubert Alexander, 1924
NMW A 31129

Mae'r rhain wedi'u gwneud o gorff porslen gwyn, ychydig yn raenog sy'n cynnwys rhywfaint o sebonfaen. Datblygwyd hwn yn Abertawe drwy gyfres o arbrofion yn ystod 1815, a'r bwriad oedd efelychu'r porslen Ffrengig past caled a oedd yn boblogaidd ymhlith cwsmeriaid cyfoethog Prydain. Ysgrifennodd Dillwyn am wneud 'two species of china resembling foreign china', ac roedd y ffatri hefyd yn cyflogi goreurwr o Ffrainc.

Mae'n debyg i William Billingsley gymryd rhan yn yr arbrofion hyn, ac ef oedd yn gyfrifol i ddechrau am addurno'r tsieni newydd. Roedd wedi hyfforddi fel enamlydd, ac erbyn y 1780au ef oedd prif baentiwr blodau ffatri Derby. Mae Dillwyn yn sôn ym mis Medi 1815 am fâs 25 gini wedi'i phaentio ganddo a dywedodd y paentiwr o Abertawe, Henry Morris, ym 1850 fod y gwaith addurno yn y ffatri 'yn cael ei wneud gan, neu dan gyfarwyddyd, Mr Bailey' (mae'n debyg mai camsillafiad o Beeley yw hyn – newidiodd Billingsley ei gyfenw i Beeley, gweler t. 139).

Mae'n anodd gwahaniaethu rhwng gwaith Billingsley a'r paentwyr yr oedd yn eu goruchwylio; fodd bynnag, hwyrach bod y cwpan a'r soser hyn, a baentiwyd mor wych gyda band o flodau gardd (gan gynnwys ei rosod nodweddiadol), yn enghraifft o'i waith.

---

[21] Gweler t. 47 am y gwahanol fathau o borslen a wnaed yn Abertawe. Mae'r darnau a drafodir yma wedi'u hadnabod yn weledol yn hytrach na thrwy ddadansoddiad cemegol. Er bod porslen wedi'i gynhyrchu'n fasnachol o hydref 1815, tybir yma fod mwy neu lai holl borslen Abertawe wedi'i lunio a'i danio ym 1816 a 1817. Parhawyd i addurno'r stoc yn lleol tan tua 1825

Dysgl hufen, 1816-1824[22]
Paentiwyd gan David Evans
Porslen sebonfaen
Uchder 18.5 cm
Marc: *Swansea* wedi'i baentio mewn porffor
Prynwyd, 1992 (Casgliad Syr Leslie Joseph)
NMW A 31079

Fel arfer, byddai dwy ddysgl o'r fath mewn set o lestri pwdin 24 darn safonol, ar gyfer yr hufenau neu'r sawsiau ffrwythau a fyddai'n cael eu gweini gyda phwdin. Mae stand crwn yn cynnal y rhan fwyaf o ddysglau hufen, ond tair pawen llew sy'n cynnal y ddysgl hon. Mae'n enghraifft arall o ymwybyddiaeth y ffatri o ddyluniadau cyfoes Ffrainc. Tarddodd y dyluniad ym Mharis tua 1800, ac fe'i disgrifir yn llyfr siapiau ffatri Spode 1820, a oedd hefyd wedi'i gopïo, fel 'round French cream bowl on three claws - three heads on each'. Ymddengys fod y ddysgl wedi'i gwneud o'r corff porslen 'trident' llawn sebonfaen a gyflwynwyd yng ngwanwyn 1817. Mae'r ddysgl wedi'i goreuro'n foethus, a chafodd ei phaentio gan David Evans gyda thorch o flodau gardd naturiolaidd yn cynnwys tegwch y bore, rhosod pinc, tiwlip porffor a melyn a chlychau'r gog.

---

[22] Yn y bennod hon rhoddir ystod dyddiadau i wrthrychau sy'n cynrychioli dyddiad cynharaf tebygol cynhyrchu'r corff porslen a dyddiad diweddaraf posibl y gwaith addurno (gadawodd David Evans Abertawe ym 1824)

Dau gwpan a soser cabinet, 1816-1825

Wedi'u paentio yn ôl pob tebyg gan George Beddow

Porslen asgwrn

Cwpanau: uchder 12.4 cm
Soseri: diamedr 15.5 cm

Heb eu marcio

Prynwyd, 1992 (Casgliad Syr Leslie Joseph), a'u rhoi gan Gyfeillion Amgueddfa Cymru, 1996

NMW A 31073 a 32641

Enw arall ar y darnau pawennog hyn yw cwpanau siocled, ac mae'r rhain hefyd wedi'u hysbrydoli gan ffurfiau Ffrengig. Fe'u bwriadwyd yn wreiddiol ar gyfer marchnad Llundain, ac maent yn ddarnau cain sydd wedi'u haddurno'n foethus. Hwyrach mai gwaith George Beddow yw'r tirluniau o fewn y cefndir glas ac aur cyfoethog; roedd yntau'n gweithio yn Abertawe fel paentiwr cerameg yn arbenigo mewn tirweddau ym 1814, a pharhaodd i gael ei gyflogi gan Timothy a John Bevington tan 1826. Mae'r olygfa ar y cwpan ar y chwith yn darlunio *Tenby from / the / Hotel* gyda *Pembroke Dock Yard / from West Lanion PILL* ar y soser.

Daw'r rhain o gyfres acwatint lliwgar gan Charles Norris (1779-1858), yr artist o Ddinbych-y-pysgod, a gyhoeddwyd ym Mhenfro ym 1820 ac a welir ar gwpanau cabinet eraill o'r math hwn a wnaed yn Abertawe. Fodd bynnag, Castell Conwy sydd wedi'i baentio ar y cwpan ar y dde, a golygfa o'r Eidal sydd ar y soser.

Gwaith Tsieni Abertawe 1814-1826

Plât, 1816
Wedi'i baentio o bosibl gan David Evans
Porslen asgwrn
Diamedr 21.4 cm
Heb ei farcio
Casgliad James Pyke Thompson.
Trosglwyddwyd o Turner House, 1921
NMW A 30127

Mae gan y plât fowld ar ffurf croes. Mae'r canol wedi'i baentio â thusw o rosod gwyllt pinc a gwyn, a'r ymyl â thorch o flodau gwyllt yn cynnwys mefus gwyllt, llygad doli, blodau'r neidr, ffarwel haf a chlychau'r gog. Ni chafodd unrhyw eurwaith ei ychwanegu rhag tynnu sylw oddi ar effaith y blodau yn erbyn y corff porslen gwyn.

Roedd ar un adeg yn rhan o set o lestri pwdin 'Dinefwr'. Efallai mai dyma'r 'Dessert Service China Wild Flowers' a brynwyd gan George Talbot Rice, 3ydd Arglwydd Dinefwr (1765-1852), am y swm mawr o £88 4s ym mis Mehefin 1816. Hwyrach mai David Evans (tua 1795-1881) oedd yr addurnwr, a gofnodir gyntaf yn Abertawe ym mis Mawrth y flwyddyn honno. Parhaodd i weithio yn y ffatri tan tua 1824 pan aeth i weithio fel paentiwr blodau i gwmni Grainger, Lee & Co. yng Nghaerwrangon.

Tebot a stand, powlen siwgr a chwpan a soser, 1816-1825

Porslen asgwrn

Tebot: uchder 12.9 cm
Soser: diamedr 15.2 cm

Marciau: *SWANSEA* wedi'i brintio mewn coch

Cymynrodd Ernest Morton Nance, 1952

NMW A 30936, 30937 a 30935

Mae siâp hirgrwn, fflat y llestri hyn yn anarferol mewn porslen Prydeinig o ddechrau'r bedwaredd ganrif ar bymtheg, er i gwpanau bas rhychiog tebyg gael eu gwneud yn Ffrainc, o gwmpas 1810 mae'n debyg. Mae rhai Abertawe, ar y cyfan, wedi'u haddurno ag aur yn unig (ymddengys fod mwyafrif y darnau enamlog wedi'u haddurno'n ddiweddarach). Mewn hysbyseb ar gyfer gwerthu gweddill stoc y ffatri ym mis Ionawr 1826 rhestrir 'a very handsome complete Breakfast service, Paris fluted, broad gold bands', sydd, mae'n debyg yn disgrifio darnau o'r math yma.

Roedd y ffatri hefyd yn gwneud platiau bach a dysglau myffin o'r un dyluniad. Mae'r cwpanau ar gael mewn gwahanol feintiau, gyda dolenni sgrôl (fel yn y llun) neu ddolenni cylch. Mae'r tebot a'r bowlen siwgr hyn wedi'u mowldio â rhychiau ceugrwm, tra bod gan ddarn gwahanol mwy talsyth rychau amgrwm a dolen sgrôl. Mae'r cwpan a'r soser wedi'u haddurno'n fwy cymhleth gyda band o gregyn bylchog, ac wedi'u personoli ag arfbais ar ffurf pen baedd.

Grŵp o fasys, 1816-1825

Fâs fawr: porslen sebonfaen. Eraill: porslen asgwrn

Uchder y fâs fawr 26.1 cm

Marciau: amrywiol farciau Abertawe

Cymynrodd Ernest Morton Nance, 1952; prynwyd, 1913; prynwyd, 1988

NMW A 30889, 30900, 30901, 30910, 30911 a 30919

Er mwyn bodloni awydd cynyddol y cyfoethogion am wrthrychau i addurno'r tŷ, cynhyrchodd Gwaith Tsieni Abertawe o leiaf ddwsin o wahanol ffurfiau o fasys yn ogystal â photiau matsis, potiau inc, dysglau ysgrifbinnau a chanwyllbrennau, oll wedi'u haddurno. Mae'r fâs fwyaf a welir yma, gyda'i dolenni blodaddurn bwaog, yn gopi o ddyluniad Ffrengig cyfoes. Roedd y fâs wedi'i gwneud o ddau ddarn wedi'u bolltio at ei gilydd gan ffon bres, cafodd ei phaentio y tu allan i'r ffatri, ac mae'r lluniau'n cynnwys tirluniau rhamantaidd, o bosibl ar gyfer y masnachwr Pellatt & Green o Lundain.

Blodau'r ardd sydd wedi'u paentio ar y lleill, a dyna oedd un o arbenigeddau'r ffatri. Mae'r pâr o fasys trwmped main wedi anffurfio yn yr odyn a hwyrach mai dyma'r unig rai a oroesodd. Roedd y fasys llai, siâp wy gyda dolenni gwenyn, yn fwy llwyddiannus a lluniwyd gwaelod pedestal ar gyfer rhai. Gwnaed yr olaf o'r grŵp – gyda dolenni eryr – mewn dau faint, gyda mân amrywiadau eraill.

Oerydd gwin, 1816-1822
Wedi'i baentio yn ôl pob tebyg gan William Pollard
Porslen asgwrn
Uchder 17.2 cm, diamedr 20.6 cm
Marc: *SWANSEA* wedi'i brintio mewn coch
Prynwyd, 1948
NMW A 31153

Dyma un o bâr o oeryddion gwin neu fwcedi iâ. Mae'n eithriadol o brin, gan fod yr holl gymysgeddau porslen gâi eu defnyddio yn y ffatri yn rhoi mwy o bwys ar wynder y past nag ar ei hyblygrwydd, gan ei gwneud hi'n anodd cynhyrchu darnau mor fawr â hyn. Hefyd, yn gyffredinol roedd yn well gan gwsmeriaid oeryddion wedi'u gwneud o arian neu o blât Sheffield, gan eu bod yn cael eu hystyried yn fwy cadarn ac yn edrych yn well nag oeryddion porslen.

Mae wedi'i baentio â ffrîs o flodau gardd a blodau gwyllt uwchben troed oreurog goeth. Credir mai William Pollard, a anwyd yn Abertawe ym 1803, oedd yr enamlydd. Gadawodd ym 1822 i weithio yn ffatri Henry Daniel yn Stoke-on-Trent, lle mae nifer o batrymau'n cynnwys ei flodau gwyllt a'i rosyn 'Burrows' nodedig. Felly, mae'r enghraifft wych hon o'i arddull aeddfed yn annhebygol o fod yn gynharach na 1820. Dychwelodd i dde Cymru ym 1827 i weithio fel gwerthwr ac addurnwr tsieni yng Nghaerfyrddin ac yn ddiweddarach yn Abertawe.

Set o lestri te cabaret, 1816-1819

Paentiwyd gan Thomas Baxter

Porslen asgwrn

Tebot: uchder 12.8 cm
Hambwrdd: lled 31.7 cm

Marciau: SWANSEA yn argraffedig ar yr hambwrdd; darnau eraill – Swansea wedi'i baentio mewn porffor

Prynwyd, 1986; y cwpan a'r soser yn fenthyciad dienw

NMW A 31132-31136; NMW A (L) 518

Dyma set o lestri te ar gyfer brecwast i ddau (mae un cwpan a soser ar goll). Fe'i gelwir heddiw yn set o lestri te cabaret, a fwriadwyd fel addurn yn hytrach nag fel llestri i'w defnyddio. Ar ddechrau'r bedwaredd ganrif ar bymtheg, fe'u gelwid gan amlaf yn 'dejeunes' (ar ôl y Ffrangeg, *déjeuner*), ac ym mis Gorffennaf 1816 adroddodd y *Morning Chronicle*: 'a new manufactory has been established in Wales, the brilliancy of the white and the transparency being equal to the celebrated Porcelaine of the Royal Sèvres Manufactory.' Mae'r adroddiad hefyd yn crybwyll bod y Dywysoges Charlotte a'r Dywysoges Mary wedi derbyn set dejeune yr un o 'Cambrian Porcelaine'.

Gwnaeth Abertawe sawl dyluniad ar gyfer setiau o'r fath. Paentiwyd yr enghraifft hon o giwpidau unlliw yn chwarae gan Thomas Baxter (gweler t. 140) yn ei arddull dotwaith ysgafn. Ymddengys fod y goreuro tonnog syml hwn hefyd yn nodweddu gwaith Baxter, ac mae'n pwysleisio gwynder y porslen.

Plât, 1816-1819
Paentiwyd gan Thomas Baxter
Porslen asgwrn
Diamedr 21.5 cm
Marc: *Swansea* wedi'i baentio mewn llwyd
Derbyniwyd gan Lywodraeth EM yn lle treth a'i ddyrannu i Amgueddfa Cymru 2006
NMW A 38267

Plât i'w arddangos yn hytrach na'i ddefnyddio oedd hwn, mae'n debyg, gan nad yw'n ymddangos ei fod yn rhan o set lestri. Mae gwaith enamel cain yn y canol yn dangos casgliad o gregyn ar ddarn o farmor. Mae'n bosibl bod y rhain wedi'u paentio o enghreifftiau go iawn a oedd ym meddiant Baxter, yn hytrach nag o engrafiadau fel y darluniau yn *Descriptive Catalogue of Recent Shells* (1817) gan Lewis Weston Dillwyn. Paentiodd Baxter gyfansoddiad bron yn union yr un fath o gregyn ar blât cabinet ar gyfer ffatri Chamberlain, ar ôl iddo adael ym 1819 am Gaerwrangon, lle bu farw ym mis Ebrill 1821.

Gwelir paentiadau o gregyn ar rai o ddarnau porslen Prydeinig ac Ewropeaidd gorau'r dydd. Roedd yn galluogi'r artist i ddangos eu gallu i'r eithaf, ac roedd yn cysylltu'r noddwr â rhyfeddodau newydd byd natur, yn debyg i hobi ffasiynol y cyfnod o gasglu cregyn egsotig.

Dau blât, 1816-1819

Paentiwyd gan Thomas Baxter

Porslen asgwrn

Chwith: diamedr 21 cm

De: diamedr 21.7 cm

Marciau: *Swansea* wedi'i baentio mewn du (chwith); SWANSEA yn argraffedig (de)

Cymynrodd Ernest Morton Nance, 1952; prynwyd, 1992 (Casgliad Syr Leslie Joseph)

NMW A 31138 a 31074

Mae'r plât ar y dde, wedi'i baentio â melyn Mair a blodau'r gwynt, yn rhan o set o lestri a wnaed ar gyfer Lewis Weston Dillwyn tua mis Medi 1817, gyda golygfeydd o'r ardd wedi'u paentio gan Thomas Baxter. Ac eithrio'r plât hwn ac un arall yn Amgueddfa Victoria ac Albert, mae'r set o lestri yn parhau yn eiddo i ddisgynyddion Dillwyn. Efallai mai golygfeydd o'r tiroedd ym Mhenlle'r-gaer, cartref teuluol ei wraig, yw rhai o'r golygfeydd – pob un yn unigryw – ond mae'n debyg bod y rhan fwyaf ohonynt yn ffrwyth dychymyg.

Mae'r trefniadau mawr o flodau yn erbyn tirlun pell yn anarferol ac efallai iddynt gael eu hysbrydoli gan engrafiadau ar ôl Philip Reinagle yn *Temple of Flora* Robert Thornton, a gyhoeddwyd rhwng 1798 a 1807. Mae'r plât ar y chwith, gyda'i ymyl blodaddurn goreurog, hefyd wedi'i baentio gan Baxter gyda thema debyg – wrn marmor yn gorlifo â blodau a deiliant, gan gynnwys rhosod pinc a narsisws melyn.

Dysgl gawl, dysgl hufen a dysgl lysiau, 1816-tua 1820

Gwaith Tsieni Abertawe

Wedi'u haddurno y tu allan i'r ffatri, yn Llundain yn ôl pob tebyg

Porslen asgwrn

Dysgl gawl: uchder 25.5 cm
Dysgl hufen: uchder 13.7 cm
Dysgl lysiau: uchder 16.5 cm

Marciau: SWANSEA yn argraffedig ar stand y ddysgl hufen a'r ddysgl lysiau

Cymynrodd David Lewis, 1994

NMW A 32281, 32284 a 32289

Dim ond tair enghraifft yw'r rhain o set o lestri cinio a phwdin wedi'u haddurno'n goeth, a wnaed o borslen asgwrn cymysg Abertawe sydd ag arlliw o wyrddni iddo. Yn cynnwys tua 250 o ddarnau, mae'r set hon o lestri bellach wedi'i gwasgaru ar draws amryw o gasgliadau. Fe'i cofnodwyd am y tro cyntaf ym 1922, pan gafodd ei gwerthu yn Christie's o ystâd y ddyngarwraig Fictoraidd flaenllaw, y Farwnes Angela Burdett-Coutts (1814-1906). Felly, efallai ei bod wedi'i chomisiynu gan ei thad-cu, y banciwr Thomas Coutts (1735-1822), hwyrach ar adeg ei ail briodas â'r actores Harriet Mellon ym 1816. Yn ôl The Cambrian, ar 20 Medi 1817, roedd 'un o dair set odidog o lestri porslen' oedd wrthi'n cael eu cynhyrchu gan grochendy'r Cambrian ar ei ffordd i 'Mr Coutts'.

Mae'r set gyfan wedi'i phaentio'n foethus â basgedi o flodau gardd, ar gefndir o laswellt a phlanhigion blodeuog, a sbrigynnau o rosod pinc. Mae'r gwaith enamel a goreuro wedi'i wneud gan fusnes addurno annibynnol, o bosibl y teulu Sims yn Pimlico, Llundain.

Angela Burdett-Coutts, cromolithograff gan Théobald Chartran, cyhoeddwyd yn Vanity Fair, 1883. © Yr Amgueddfa Bortreadau Genedlaethol, Llundain.

Set o lestri te cabaret, 1816–tua 1820
Wedi'u haddurno y tu allan i'r ffatri, yn Llundain yn ôl pob tebyg

Porslen asgwrn

Tebot: uchder 13 cm
Jwg: uchder 11 cm
Powlen siwgr: uchder 12 cm
Powlen drochion: uchder 7.7 cm
Cwpan: uchder 8.8 cm
Hambwrdd: hyd 47.6 cm

Marc: *DILLWYN & CO / SWANSEA* yn argraffedig uwchben tryferi croes (hambwrdd)

Rhoddwyd gan W. S. de Winton, 1918
NMW A 30119-30124

Mae'r set hon o lestri brecwast yn perthyn i gyfnod y Rhaglywiaeth ac yn nodweddiadol o ffasiwn y dydd. Mae'r darnau talsyth ar ffurf yrnau neo-glasurol, ac mae'r ymylon wedi'u mowldio â dail acanthws. Byddai tanio'r darnau hyn yn yr odyn heb ddifrod wedi bod yn hynod anodd ac nid yw'n syndod felly eu bod yn un o ddyluniadau mwyaf prin Abertawe.

Mae marc anarferol wedi'i argraffu ar y llestri, ac mae'n debyg ei fod yn gomisiwn arbennig. Fel gydag archebion eraill o'r math hwn, cafodd yr addurn ysblennydd o sbrigynnau o rosod ei ychwanegu y tu allan i'r ffatri, o bosibl yng ngweithdy enamel a goreuro Sims yn Llundain. Mae'r set yn rhan o gasgliad mawr o borslen Prydeinig ac Ewropeaidd W. S. de Winton a grynhowyd rhwng y 1890au a'r 1920au.

Dysgl sgwâr, dysgl ganol, ystên hufen iâ gyda phlât gwaelod, plât a dysgl hufen, 1816-1817

Wedi'u haddurno y tu allan i'r ffatri, yn Llundain yn ôl pob tebyg

Porslen asgwrn

Dysgl sgwâr: hyd 24.4 cm
Dysgl ganol: hyd 36.2 cm
Ystên: uchder 18.9 cm
Plât gwaelod: diamedr 23.7 cm
Plât: diamedr 23.7 cm
Dysgl: uchder 14.1 cm

Marciau: SWANSEA yn argraffedig (dysgl ganol, dysgl sgwâr, platiau)

Prynwyd gyda chymorth y Gronfa Gelf, 1998

NMW A 33713, 33712, 33709, 33727, 33728, a 33710

Mae'r darnau hyn yn rhan o set fawr o lestri pwdin a wnaed ar gyfer Brownlow Cecil, 2il Ardalydd Caerwysg (1795-1867). Ar bob darn ceir blodau llachar wedi'u paentio yng nghanol glaswellt gyda rhimynnau rhwyllog o aur, sy'n cynnwys fasys rhychiog gyda chaeadau pigfain am yn ail ag addurniadau arabésg, troellau blodeuog a blodau bach. Mae gan y ddysgl ganol siâp cwch diwlip mawr coch a hufen yng nghanol gwyddfid ac ar y ddysgl sgwâr (un o bedair) mae blodau'r gwynt pinc a gwyn yng nghanol gypsoffila. Ar yr ystên (un o ddau yn y set) mae blodyn y dioddefaint ar un ochr a gwyddfid ar y llall. Ar y plât mae pabi sgarlad gyda blodau menyn a sgorpionllys. Ar y ddysgl hufen neu siwgr mae blodau'r sipsi pinc a gwyn ar un ochr, ac ar y llall mae briallu clust yr arth melyn a phorffor, ac mae ffiwsia coch ar y stand. Atgynhyrchir pob blodyn yn gywir, o brintiau botanegol mae'n debyg, ond mae'r diwyg yn llai ffurfiol oherwydd presenoldeb y glaswellt.

Roedd y set yn dal i gael ei chynhyrchu ym mis Medi 1817. Mae'r gwaith addurno (a welir hefyd ar set debyg a arferai fod yng Nghastell Gosford, Swydd Armagh) o'r safon uchaf ac mae'n debyg i'r ffatri gomisiynu'r gwaith gan enamlydd o Lundain.

Brownlow Cecil, 2il Ardalydd Caerwysg, ar ôl engrafiad dotwaith James Sant, 1844. © Yr Amgueddfa Bortreadau Genedlaethol, Llundain.

Dysgl ganol, 1816–tua 1825

Addurnwyd gan John a James Bradley, Llundain

Porslen asgwrn

Uchder 13 cm, diamedr 26.7 cm

Heb ei farcio

Cymynrodd David Lewis, 1994

NMW A 32336

Mae'r ddysgl, sef darn canol set o lestri pwdin, wedi'i phaentio ag adar egsotig a gopïwyd o engrafiadau lliw o waith llaw George Edwards yn *A Natural History of Uncommon Birds*, 1750. Ar y tu mewn mae ffesant gorniog satyr. Dim ond llun a oedd gan Edwards wrth wneud ei waith. Ysgrifennodd am y profiad: 'The Tail appeared in the original Draught, a little brushy at the End, as if broken off by being kept in a Cage or Coop: It was in length the proportion that I have here given it, but I imagine that this most rare and curious Bird, in the Perfection has the Tail something, if not a great Deal longer: so that I have left it doubtful by casting it behind a tree.' Ar y tu allan i'r bowlen mae yna adar eraill llawn mor brin, sef y rhostog mawr Americanaidd a'r garan mursennaidd.

Mae arysgrif ar rai darnau o'r set, neu o set debyg, sef *J. Bradley & Co, 47 Pall Mall, London*. Cymerodd John Bradley dŷ yn Pall Mall ym 1812, a gafodd ei ddisgrifio mewn cyfeiriaduron fel warws 'tsieni' neu Coalbrookdale. Roedd hefyd yn baentiwr enamel, a byddai'n arddangos yn rheolaidd yn yr Academi Frenhinol o 1817. Roedd awdur yn *The Pottery Gazette* ym 1885 yn cofio sut y daeth John a James Bradley â'r grefft o addurno tsieni i Lundain, a dysgu'r grefft i'r aristocratiaid. Mae'n debyg bod y cyfeiriad 47 Pall Mall yn dyddio'r adeg yr addurnwyd y darnau hyn i 1821 neu'n ddiweddarach, gan i'r tŷ, a arferai fod yn rhif 54, gael ei ail-rifo yn y flwyddyn honno.

Ffesant gorniog satyr o George Edwards, *A Natural History of Uncommon Birds*.

Plât, 1816-tua 1825
Wedi'i addurno yn ôl pob tebyg gan John Powell, Llundain
Porslen asgwrn
Diamedr 21.7 cm
Marc: *SWANSEA* yn argraffedig
Rhoddwyd gan Bwyllgor Arddangos Caerdydd, 1882
NMW A 31286

Mae'n debyg bod y plât hwn wedi'i addurno gan yr enamlydd o Lundain a'r marchnatwr tsieni, John Powell, oedd â stiwdio yn 91 Wimpole Street. Ar ganol y plât mae paentiad o Ariadne ar lannau Naxos gyda cheriwb dagreuol ac angel yn pwyntio at long sy'n cludo ymaith ei chariad anffyddlon, Theseus. Murlun Rhufeinig a ddarganfuwyd ym 1757 yn Pompeii yw ffynhonnell yr olygfa Glasurol hon.

Fe'i trosglwyddwyd i'r Casgliad Brenhinol o Hynafiaethau yn Napoli (yr Amgueddfa Archeolegol Genedlaethol erbyn hyn). Fe'i cyhoeddwyd yn y gyfres *Antichita d'Ercolano* ym 1760 ac roedd yn adnabyddus yn sgil engrafiadau eraill erbyn i'r plât gael ei gynhyrchu.

Blwch siwgr a chaead, 1817-tua 1825
Wedi'i addurno y tu allan i'r ffatri,
yn Llundain yn ôl pob tebyg

Porslen sebonfaen

Hyd 14.8 cm

Marciau: *SWANSEA* a thryfer yn argraffedig;
Pellatt & Green, / LONDON. wedi'u printio
mewn coch

Rhoddwyd gan F. E. Andrews, 1921

NMW A 31308

Ym 1817, hysbysebodd Gwaith Tsieni Abertawe fod modd prynu eu porslen oddi wrth bedwar o werthwyr mawr Llundain, gan gynnwys Pellatt & Green – 'Potters and Glass Manufacturers to the King' – yn 6, St Paul's Churchyard.

Un o amcanion y ffatri oedd cynhyrchu porslen a oedd yn debyg iawn i borslen past caled Ffrengig wedi'i fewnforio, ac ar ei orau, roedd gan borslen sebonfaen Abertawe yr un arlliw gwyn a graenog. Addurnwyd y blwch siwgr hwn gan, neu ar gyfer, Pellatt & Green ac mae'n rhan o set o lestri te sydd fel arall yn cynnwys darnau porslen Paris. Mae wedi'i addurno â choesynnau a deiliant goreurog, gyda phennau blodau glas a phorffor mewn enamel taniad isel wedi'u hychwanegu ar ôl y goreuro yn y dull Ffrengig.

Ystafell arddangos Pellatt & Green. Acwatint o *Repository of the Arts, 1,* Ackermann 1809.

Pâr o fasys, 1817-tua 1820

Wedi'u haddurno y tu allan i'r ffatri, yn Llundain yn ôl pob tebyg

Porslen sebonfaen

Uchder 14.5 cm

Marciau: SWANSEA yn argraffedig, gyda thryfer islaw. Llofnodwyd Oldfield ar y cefndir gwyn

Prynwyd, 2003

NMW A 37151-37152

Mae siâp y fâs, a'i dolenni pen hwrdd, yn hanu o Ffrainc, ac roedd nifer o ffatrïoedd ym Mhrydain yn ei gynhyrchu. Past 'trident' llawn sebonfaen yw'r corff, a gyflwynwyd yn Abertawe ym 1817, er bod tryleuedd y fasys hyn yn well na'r rhan fwyaf o borslen 'trident' Abertawe.

Cafodd y darnau eu haddurno y tu allan i'r ffatri, o bosibl gan John Edwin Oldfield o Lundain, artist paentiadau dyfrlliw topograffig yn bennaf, ond a oedd hefyd yn paentio pynciau llenyddol ar borslen. Ei destun y tro hwn yw 'Crazy Kate' o gerdd William Cowper *The Task* (1785): 'A serving-maid was she, who fell in love With one who left her, went to sea, and died…' Ar un fâs gwelir Kate yn glaf o gariad mewn gardd llawn blodau. Ar y llall, mae'n amddifad ac mewn carpiau, yn crwydro'r gwastadeddau.

Pâr o fasys sbils, 1816-1819
Wedi'u haddurno y tu allan i'r ffatri
Porslen asgwrn
Uchder 11.4 cm
Marciau: *MM / SWANSEA / 1819* wedi'i baentio mewn enamel coch
Prynwyd, 1992 (Casgliad Syr Leslie Joseph)
NMW A 31077-31078

Paentiwyd anifeiliaid ac adar ar y fasys hyn, gan ddynwared porslen Tsieineaidd dechrau'r ddeunawfed ganrif. Er bod y gwaith addurno'n ddigon medrus, mae'r arysgrif yn awgrymu mai gwaith amatur ydoedd, mae'n debyg. Roedd paentio mewn enamel yn weithgarwch hamdden gâi ei ystyried yn dderbyniol i fenywod ar ddechrau'r bedwaredd ganrif ar bymtheg, er y byddai angen odyn fwffl i danio'r gwaith. Tybir fod *MM* yn sefyll am Mary Moggridge, er nad oes unrhyw sicrwydd o hyn.

Tirfeddianwyr a diwydianwyr yn ne Cymru oedd teulu'r Moggridge, ac roedd cangen o'r teulu yn byw yn Abertawe. Priododd Fanny, sef merch Lewis Weston Dillwyn, â Matthew Moggridge yn ddiweddarach.

Darnau o set o lestri te, 1816-tua 1825

Porslen asgwrn

Tebot: uchder 15 cm, hyd 26.5 cm

Marciau: *SWANSEA* wedi'i brintio mewn coch (plât); *219* wedi'i baentio mewn coch ar sawl darn

Rhoddwyd gan Vernon Thorne, 1995

NMW A 32558-32563, a 32573

Mae'r darnau hyn yn rhan o set gyflawn o lestri te yn y casgliad, sy'n cynnwys tebot a stand, powlen drochion, jwg hufen, blwch siwgr, plât, deuddeg cwpan a soser te, a deuddeg cwpan goffi. Roedd llawer o ffatrïoedd Prydain yn cynhyrchu fersiynau o debot siâp blwch, sef y 'London shape' a gyflwynwyd gan Spode tua 1813.

Mae dyluniadau lliwgar wedi'u paentio ar y llestri, wedi'u hysbrydoli gan borslen Imari Japaneaidd. Mae yna graig yn y canol, motiff blodau a ffens, ac ymylon tanwydredd glas wedi'u haddurno â melyn yr ŷd a deiliant goreurog gyda thri siâp hirgrwn yn dangos blodau naturiol ar y cefndir lliw porslen gwreiddiol. Maent yn dwyn rhif y patrwm, sef 219. Roedd y rhan fwyaf o lestri porslen Abertawe, yn enwedig llestri te, wedi'u haddurno â phatrymau ailadroddus confensiynol o'r math hwn, yn hytrach na'r paentiad blodau a gysylltir yn arbennig â Gwaith Tsieni Abertawe. Nid yw llyfr patrwm y ffatri wedi goroesi, ond mae dros 150 o'r patrymau 'safonol' neu ailadroddus hyn yn hysbys, ac efallai mai dyma'r patrwm mwyaf poblogaidd.

Tancard, mwg a dysgl bwdin, 1816-tua 1825

Porslen asgwrn

Tancard: uchder 16.8 cm
Mwg: uchder 9.8 cm
Dysgl: hyd 28.2 cm

Marciau: *SWANSEA* wedi'i brintio mewn coch

Tancard: cymynrodd Ernest Morton Nance, 1952. NMW A 30986; mwg: cymynrodd Canon H. F. B. Mackay, 1936. NMW A 30981; dysgl: wedi'i phrynu, 1986. NMW A 30991

Mae'r tri darn wedi'u haddurno â phrint troslun du gwydrog o ffigyrau mewn tirwedd Asiaidd, wedi'u trosbaentio mewn enamel. Enw'r patrwm yw 'y Mandarin' ac mae un enghraifft gyda'r rhif patrwm 164 yn hysbys. Roedd sawl ffatri arall ym Mhrydain o'r un cyfnod yn cynhyrchu dyluniadau chinoiserie tebyg, yn sgil y porslen a gafodd ei allforio o Tsieina ar ddiwedd y ddeunawfed ganrif.

Mae'r tancard a'r mwg yn ddarnau prin; daw'r ddysgl o set o lestri pwdin a wnaed ar gyfer Thomas Lloyd (1788-1845) o Bronwydd, Ceredigion, yn ôl pob tebyg ar achlysur ei briodas ag Anne Davies o Lwydcoed, Llanon, Sir Gaerfyrddin ar 23 Gorffennaf 1819, ac mae'n dangos ei arfbais a'i arwyddair.

Dau blât, 1816-tua 1825
Porslen asgwrn
Chwith: diamedr 20.9 cm
De: 21.1 cm
Marciau: *SWANSEA* mewn llawysgrifen goch
Prynwyd, 1992 (Casgliad Syr Leslie Joseph)
NMW A 31085 a 31086

Mae'r ddau blât wedi'u haddurno â phatrymau blodeuog arddulliadol mewn paled enamel llachar, sy'n rhoi'r argraff bron eu bod yn dyddio o'r 1920au yn hytrach na'r 1820au. Er nad oes gan y naill na'r llall rif patrwm wedi'i baentio, maent yn enghreifftiau o batrymau 'safonol' y ffatri, a ddefnyddiwyd yn bennaf ar lestri te.

Mae'r dyluniad ar y plât ar y chwith yn seiliedig ar y *Convolvulus tricolor*, rhywogaeth o degwch y bore sy'n gynhenid i ardal Môr y Canoldir. Mae'r plât ar y dde wedi'i baentio gyda phatrwm 'Japan' o felyn yr ŷd a lilis. Bu'r ddau ym meddiant Syr Leslie Joseph (1908-1992), a lwyddodd i grynhoi casgliad eithriadol o gerameg Cymru rhwng y 1950au a 1990.

Dysgl gawl, stand a lletwad, 1817-1822
Porslen asgwrn (lletwad: priddwaith)
Uchder 25.6cm, diamedr 39.8 cm
Marciau: *BEVINGTON & CO* a *SWANSEA* yn argraffedig (ar y stand)
Rhoddwyd gan Freda Gibbins, 1965
NMW A 31262 a 31263

Er i'r bartneriaeth dan arweiniad Timothy a John Bevington honni yn ddiweddarach fod y ryseitiau porslen a gawsant gan Lewis Weston Dillwyn yn ddiwerth, ymddengys fod y ddau wedi gwneud rhywfaint o ymdrech i gynhyrchu cyflenwadau pellach o borslen rhwng Medi 1817 a Medi 1822, pan ddaeth eu prydles ar y Gwaith Tsieni i ben. Serch hynny, prin iawn yw'r darnau â'r marc 'BEVINGTON & CO'.

Mae'r ddysgl gawl a'r stand uchod yn rhan o set o lestri cinio a wnaed mewn porslen i aelod o deulu Bevington. Mae'r past yn eithaf graenog a melyn, ond ymddengys mai corff cymysg, tebyg i tsieni asgwrn ydyw. Priddwaith yw'r lletwad. Mae'r set wedi'i thanwydro'n las gyda phatrwm o dirwedd Eidalaidd, sef 'castell', a gyflwynwyd gan Spode tua 1806 ac a gopïwyd gan nifer o ffatrïoedd eraill ym Mhrydain. Cafodd y patrwm ei ddefnyddio hefyd ar briddwaith Gwaith Tsieni Abertawe.

Powlen bwnsh, 1817-1825

Gwaith Tsieni Abertawe yn ôl pob tebyg

Porslen asgwrn o bosibl

Uchder 17.7 cm, diamedr 36.2 cm

Heb ei farcio. Gyda'r arysgrif canlynol:
this Bowl is respectfully / presented to the Corporation / of / LLWCHWR / by / JOHN BEVINGTON / of Swansea / January 1st 1825

Rhoddwyd yn ddienw, 2021

NMW A 39697

Cyflwynodd John Bevington y bowlen hon i Gorfforaeth Llwchwr, gorllewin Abertawe ym mis Ionawr 1825. Roedd ef a'i dad Timothy wedi rhoi'r gorau i'r Gwaith Tsieni ym mis Medi 1822, ac wedi cadw'r stoc. Oni bai i'r darn gael ei brynu yn ddiaddurn gan wneuthurwr arall, mae'r bowlen hon yn un o'r darnau prin o borslen a wnaed gan y ddau Bevington. Fe'i haddurnwyd gan un o artistiaid tsieni Abertawe, Henry Morris yn ôl pob tebyg, gyda thuswau o flodau ynghyd ag arfbais Llwchwr (yn cynnwys cigfrain y Brenin Urien Rheged o'r 6ed ganrif) a chennin a dreigiau Cymru.

Rhwng Medi 1822 ac Ionawr 1826 taniwyd porslen Abertawe yng Ngwaith Pibellau'r Hafod ac yn ddiweddarach ym Mragdy Cambrian, dau fusnes arall yn y dref lle'r oedd y teulu Bevington yn fuddiolwyr.

5 | Gwaith Tsieni Nantgarw 1813-1814 a 1816-1823

Cafodd crochenwaith y ffatri fach hon ei gynhyrchu ar ddiwedd degawdau lawer o arbrofi, pan ddatblygodd gwneuthurwyr porslen Prydain amrywiaeth enfawr o bastau arbrofol. Corff wedi'i ffritio (malu'n fân) yn cynnwys lludw esgyrn, tywod a photash wedi'u cymysgu â chlai tsieni sydd gan lestri porslen Nantgarw, ac mae iddynt harddwch a chymeriad unigryw; rhywbeth sydd ar goll yn y crochenwaith tsieni asgwrn a oedd yn prysur ddod yn gyffredin yn y diwydiant.

Ac yntau'n dal yn ei ugeiniau, daeth yr enamlydd William Billingsley (1758-1828) yn brif arlunydd blodau yn ffatri borslen Derby. Fodd bynnag, fe neilltuodd lawer o'i fywyd i ymgais aflwyddiannus i gynhyrchu corff porslen gwyn, tryleu a fyddai'n rhagori ar grochenwaith ffatrïoedd blaenllaw Lloegr a mewnforion o Ewrop. Ar ôl methu gwneud hyn ar raddfa fasnachol, yn gyntaf yn Pinxton yn Swydd Derby (1796-1799) ac yna yn Brampton-in-Torksey yn Swydd Lincoln (1803-1808), cafodd Billingsley, ynghyd â'i fab-yng-nghyfraith a'i gydweithredwr Samuel Walker, eu cyflogi gan gwmni Barr, Flight and Barr (1808-1813) yng Nghaerwrangon. Yno, datblygwyd corff porslen past meddal hynod dryleu ganddynt. Ond nid aethpwyd ati i'w gynhyrchu, a gadawsant Gaerwrangon ar frys gyda'r bwriad o'i gynhyrchu eu hunain.

Tua diwedd 1813 daethant i Nantgarw, saith milltir i'r gogledd o Gaerdydd. Gyda chymorth William Weston Young, a oedd wedi gweithio fel paentiwr crochenwaith yn Abertawe, rhentwyd tŷ ar lan camlas Sir Forgannwg. Ym mis Mawrth 1814, gwelodd Iolo Morganwg eu crochenwaith cynharaf a soniodd am y peth mewn llythyr i'w fab: 'some specimins of the real China brought from China, of the Dresden porcelane, of the French, hitherto the finest in the world. The Worcester, Burslem, Bristol etc. but tho' all of them very fine, they are greatly inferior in fineness to the Ware of Nant Garw'.

Er eu bod yn sicr yn brydferth, nid oedd y past gwydrog wedi'i ffritio yn ddigon hyblyg, ac roeddent yn tueddu i chwalu yn yr odyn. Ym mis Medi 1814 gofynnodd y cwmni am gymorth gan y Bwrdd Masnach, gan honni bod eu porslen cystal â'r porslen Ffrengig a gâi ei fewnforio yn ddiaddurn, ac y byddai gwelliannau pellach yn eu galluogi i gyfuno 'gwynder a natur dryleu' y porslen Ffrengig gorau â'r 'gwytnwch a graen tynn sy'n nodweddiadol o lestri'r Almaen'. Ni chafwyd unrhyw gymorth gan y llywodraeth, ond cytunodd Lewis Weston Dillwyn, perchennog Crochendy'r Cambrian, y dylent wneud porslen iddo yn Abertawe, lle'r oedd wedi adeiladu Gwaith Tsieni Abertawe. Daeth Dillwyn i'r casgliad yn fuan nad oedd gobaith i bast porslen Nantgarw lwyddo yn fasnachol, a datblygodd bastau eraill yn ei le.

Wedi dwy flynedd yn Abertawe, dychwelodd Billingsley a Walker i Nantgarw, ar ôl llwyddo i godi digon o gyfalaf ychwanegol gan Young a chyfranddalwyr eraill i ailagor ac ehangu eu ffatri fach. Cyrhaeddodd porslen Nantgarw farchnad Llundain yn gynnar ym 1818. Yno, roedd yn cael ei werthu'n ddiaddurn ('in the white'), a'i addurno gan nifer o fusnesau enamlo a goreuro'r brifddinas. Roedd ei wydredd gloyw a'i dryleuedd yn destun edmygedd cyffredinol, ac roedd John Mortlock o Oxford Street yn un o nifer o siopwyr mawr Llundain i werthu llestri porslen Nantgarw, wedi'u haddurno'n gywrain, i farchnad elît. Er gwaethaf y llwyddiant hwn, roedd llawer o lestri'n dal i dorri yn yr odyn, a'r ffatri'n dal i golli arian. Yn gynnar ym 1820 gadawodd Billingsley a Walker Nantgarw ac aethant i weithio yn ffatri Coalport, gan adael stoc o borslen gwyn ar ôl i William Weston Young, gyda rhywfaint ohono heb ei wydro.

Er mwyn achub rhywbeth o'r trychineb, perswadiodd Young ei ffrind Thomas Pardoe, a oedd ar y pryd yn gweithio fel paentiwr llestri ym Mryste, i ddod i Nantgarw. Aeth hwnnw ati, gyda chymorth nifer fach o gynorthwywyr cymharol ddi-grefft, i addurno'r stoc oedd ar ôl i'w gwerthu'n lleol. Cynhaliwyd yr arwerthiant olaf o grochenwaith ym mis Hydref 1822 er ei bod hi'n bosibl fod Thomas Pardoe wedi parhau i wneud peth gwaith yn Nantgarw tan ei farwolaeth ym mis Gorffennaf 1823. Dechreuodd ei fab William Henry Pardoe gynhyrchu poteli crochenwaith caled a phriddwaith wedi'i wydro'n frown yn Nantgarw ym 1833. Parhaodd y busnes, a oedd hefyd yn gwneud pibellau clai, dan reolaeth ei ddisgynyddion nes i'r gwaith gau ym 1920, a bellach mae Amgueddfa Crochendy Nantgarw i'w gweld ar safle'r hen ffatri.

Ym 1832 nododd Dionysius Lardner yn *The Cabinet of Useful Arts*: 'since the discontinuance of this establishment, the excellent quality of its ware has been more justly estimated, and the prices now eagerly given by amateurs and collectors for pieces of Nungarrow porcelain, are out of all proportion greater than were originally demanded by the makers.'

Tymbler, 1818-1819
Goreurwyd gan William Billingsley o bosibl
Porslen wedi'i ffritio
Uchder 7.6 cm
Heb ei farcio
Rhoddwyd gan Allan E. Renwick, 1938
NMW A 31249

Mae'r sgwâr a'r cwmpawd yn un o symbolau'r Seiri Rhyddion, fel y mae'r haul a'r lleuad cydgysylltiedig ar yr ochr arall. Efallai fod hwn yn un o'r chwe thymbler gyda symbolau'r Seiri Rhyddion a brynwyd o Waith Tsieni Nantgarw gan Mr Hopkin Jones ar 20 Awst 1819. Roedd y rhain yn costio £1 7s, neu 4/6 yr un. Mae'n debyg mai landlord tafarn y Globe, Castell-nedd oedd Hopkin Jones, a bu farw ym 1830. Ychydig iawn o borslen a gafodd ei addurno a'i werthu'n lleol o Nantgarw yn ystod yr ail gyfnod, sef y prif gyfnod cynhyrchu (1818 hyd at ddechrau 1820), gan fod Billingsley a Walker yn cyflenwi cymaint ag y gallent yn ddiaddurn (*'in the white'*) i fasnach lestri Llundain.

Bil wedi'i ysgrifennu â llaw am chwe thymbler Seiri Rhyddion, wedi'u nodi yn y fantolen gan William Beeley (fel y galwai Billingsley ei hun ar yr adeg hon) ar 4 Rhagfyr 1819.

Darnau o set o lestri te, 1818-1820

Wedi'u haddurno y tu allan i'r ffatri, yn Llundain yn ôl pob tebyg

Porslen wedi'i ffritio

Tebot: hyd 24.1 cm
Blwch siwgr: hyd 17.4 cm
Jwg: hyd 15.5 cm
Powlen: diamedr 17.4 cm
Plât: diamedr 24 cm
Cwpanau: uchder 7.2 cm

Marciau: *NANT-GARW C.W.* yn argraffedig (plât yn unig)

Cymynrodd David Lewis, 1994

NMW A 32290-32293, 32295, 32299, 32302 a 32306

Roedd porslen gwyn Nantgarw yn mynd am bris uchel yn Llundain. Mae'r darnau hyn yn rhan o set fawr o lestri te a choffi wedi'i haddurno yno ar gyfer un o blant y Brenin Siôr III. Dywedir iddi gael ei chreu ar gyfer priodas y Dywysoges Mary (1776-1857) â'i chefnder William Frederick (1776-1834), Dug Caerloyw, ym mis Gorffennaf 1816. Fodd bynnag, gwerthwyd y set o lestri yn Christie's pan fu farw nai y Dywysoges Mary, 2il Ddug Caergrawnt, ym 1904, felly mae'n bosibl mai ei pherchennog cyntaf oedd mab ieuengaf y Brenin, y Tywysog Adolphus (1774-1850), a briododd Augusta o Hesse-Cassel ym mis Mehefin 1818, pan ddechreuodd porslen Nantgarw fod ar gael i'w addurno yn Llundain.

Mae'r siapiau crwn anarferol yn deillio o borslen Paris y cyfnod. Dylanwad Ffrengig hefyd sydd i'r cefndir gwyrddlas wedi'i osod yn anwastad a'i addurno â phatrwm *oeil de perdrix* (smotiau goreurog o fewn ymyl o ddotiau glas), a phaneli hirgrwn o rosod a blodau gardd ar y lliw gwreiddiol. Mae'r cwpanau bas ar gyfer te a'r rhai talach ar gyfer coffi.

Cwpan a Soser Cabinet, 1818-1820

Wedi'u haddurno y tu allan i'r ffatri, yn Llundain yn ôl pob tebyg

Porslen wedi'i ffritio

Cwpan: uchder 10 cm
Soser: diamedr 15 cm

Arysgrif: *Welch Porcelain / Asser* mewn ysgrifen oreurog ar waelod pob un

Prynwyd, 1995
NMW A 32623

Mae hon yn set ddrud, wedi'i phersonoli, gyda'r blaenlythrennau *JW* ar y blaen mewn unlliw arlliwedig. Fe'i haddurnwyd, fel llawer o borslen Nantgarw, y tu allan i'r ffatri. Mae'r cefndir glas mat a'r patrwm goreurog cywrain wedi'u copïo o borslen ffasiynol Paris, ac mae'r ffurf wedi'i hysbrydoli gan y *tasse Jasmin* a ddyluniwyd ar gyfer ffatri frenhinol Ffrainc yn Sèvres. Nodwyd *Welch Porcelain / Asser* mewn ysgrifen oreurog ar y gwaelod, sy'n dangos mai cwmni Henry Asser and Co, un o brif werthwyr llestri tsieni Llundain, a werthodd y set.

Roedd siop Asser yn 406, Strand rhwng 1808 a 1822, pan symudodd y cwmni i'r Burlington Arcade a oedd newydd ei gwblhau oddi ar Piccadilly, ac arbenigai mewn gwerthu 'jewellery and fancy articles of fashionable demand, for the gratification of the public'.

Cwpan a Soser Cabinet, 1818-1820

Wedi'u haddurno y tu allan i'r ffatri, yng Nghaerwrangon o bosibl

Porslen wedi'i ffritio

Cwpan: uchder 8 cm
Soser: diamedr 16.5 cm

Heb eu marcio

Prynwyd, 1988

NMW A 30125

Gwnaed y siâp twb ffasiynol hwn ar draed pawennau llew, a elwir yn aml yn 'gwpan gabinet Ffrengig,' gan lawer o ffatrïoedd porslen ar ddechrau'r bedwaredd ganrif ar bymtheg, gan gynnwys Spode ac Abertawe, felly nid yw dod o hyd iddo yn Nantgarw yn destun syndod. Gwerthwyd enghreifftiau o lestri diaddurn Nantgarw yn Llundain a hefyd i gwmni Chamberlain's yng Nghaerwrangon, lle'r addurnwyd y cwpan hwn o bosibl. Yn ddiddorol, arfbais John Bridge (1755-1834) o Dorset a welir, neu ei nai John Gawler Bridge (1787?-1849), partneriaid yng nghwmni gofaint aur enwog Rundell, Bridge and Rundell yn ystod cyfnod y Rhaglywiaeth, cwmni a werthai rywfaint o lestri porslen hefyd.

John Jackson, *Portrait of John Bridge (1755-1834), with Piddletrenthide Church in the background*, olew ar gynfas, casgliad preifat © Philip Mould Ltd, Llundain/ Bridgeman Images.

Plât, 1818-1820
Wedi'i addurno y tu allan i'r ffatri, yn Llundain yn ôl pob tebyg

Porslen wedi'i ffritio

Diamedr 24.7 cm

Marc: *NANT-GARW C.W.* yn argraffedig

Prynwyd, 1885

NMW A 31343

Mae'n debyg mai enamlydd o'r enw Plant oedd addurnwr y plât hwn. Mae'r un cyfansoddiad hefyd i'w weld ar blât mewn set o lestri Derby a wnaed i'r Arglwydd Ongley ym 1825; ysgrifennodd John Haslem, hanesydd ffatri borslen Derby, am y set o lestri hon ym 1876: 'Several were copied from Nantgarw plates, which had been decorated in London at Sim's establishment… The figure subjects on the Nantgarw plates were painted by a clever artist called Plant, and were probably the best things ever done on that china…'.

Mae platiau Derby eraill yn set lestri Ongley wedi'u paentio â golygfeydd harbwr o fewn ymylon dotwaith goreurog gyda blodau, ffrwythau, adar a gloÿnnod byw a phatrwm goreurog unigryw ar y tu mewn i'r ymyl. Mae pedwar plât Nantgarw arall a dderbyniwyd gan Sim's oddi wrth Robert Bloor, perchennog ffatri Derby, bellach yn Amgueddfa Victoria ac Albert.

Mae'n amlwg mai 'Sim's establishment' oedd yn gyfrifol am addurno nifer sylweddol o lestri porslen Abertawe a Nantgarw. Efallai mai yn Five Fields Row, Pimlico yr oedd y lle hwnnw; gan fod yna Spencer Simms a William Sims ill dau yn talu ardrethi yn y stryd honno rhwng 1812 a 1826. Fodd bynnag, mae yna hefyd gofnod o J. Sims, perchennog warws gwydr cyfanwerthol yn Gray's Inn Road ym 1819, a Thomas Sims, goreurwr llestri a phaentiwr yn 14, Marsham Street, Westminster ym 1822. Gallai Plant fod yn James Plant, paentiwr cwmni Chamberlain's, Caerwrangon neu'r enamlydd W. Plant, y dyfarnwyd medal iddo gan Gymdeithas y Celfyddydau ym 1818, ac a arddangosodd ei waith yn yr Academi Frenhinol a'r Old Water Colour Society rhwng 1819 a 1828.

Plât, 1818-1820
Wedi'i addurno y tu allan i'r ffatri, yn Llundain yn ôl pob tebyg
Porslen wedi'i ffritio
Diamedr 25.1 cm
Marc: *NANT-GARW C.W.* yn argraffedig
Cymynrodd David Lewis, 1994
NMW A 32352

Tryleuedd gwyn clir a gwydredd disglair oedd yn gwneud porslen Nantgarw mor ddeniadol i enamlwyr tsieni gorau'r oes, ac mae i'w weld ar y plât hwn. Mae'r mowldinau o sgroliau siâp C, torchau o ddail wedi'u clymu â rhuban, a'r blodau bach ar yr ymyl yn deillio o borslen Vincennes-Sèvres o'r 1750au ac maent yn enghraifft gynnar o adfywiad arddull rococo yn y bedwaredd ganrif ar bymtheg. Eitem i'w harddangos yw hi yn hytrach na'i defnyddio. Mae'r canol wedi'i baentio mewn enamelau gyda chiwpid noeth yn penlinio, yn eistedd mewn boned dynes, gydag un bys yn ystumio am dawelwch.

Gwyddom am blât tebyg, gyda phaentiad o giwpid mewn cawell, ac mae'n debyg mai'r neges a awgrymir gan y pâr yw y gall cariad heb ei gaethiwo reoli meddwl dynes. Efallai iddynt gael eu hysbrydoli gan farddoniaeth y bardd telynegol Groegaidd Anacreon, a oedd yn boblogaidd yn gynnar yn y bedwaredd ganrif ar bymtheg, ac a soniai am themâu cariad, serch a siom. Mae tarddiad y dyluniad yn parhau i fod heb ei olrhain, ac mae'n bosibl fod y cyfansoddiad wedi'i gopïo o borslen Paris.

Plât, 1818-1820

Wedi'i addurno y tu allan i'r ffatri, yn Llundain yn ôl pob tebyg

Porslen wedi'i ffritio

Diamedr 24.9 cm

Marc: *NANT GARW C.W* yn argraffedig

Prynwyd, 1992 (Casgliad Syr Leslie Joseph)

NMW A 31112

Ar ganol y plât, paentiwyd pedair colomen yn clwydo ar ymyl powlen efydd. Mae tair colomen yn mwynhau'r haul tra bod y bedwaredd yn yfed o'r dŵr sydd yn y bowlen. Mosaig o'r ail ganrif OC yw'r ffynhonnell, eitem a ddarganfuwyd ym 1737 yn ystod gwaith cloddio yn fila anferth yr Ymerawdwr Rhufeinig Hadrian, ger Tivoli. Roedd y mosaig, sydd bellach yn Amgueddfa Capitoline yn Rhufain, yn gyfarwydd iawn mewn neoglasuraeth Ewropeaidd, ac fe'i hatgynhyrchwyd mewn sawl cyfrwng. Roedd hefyd yn ffefryn gan ffatri borslen Berlin tua'r un pryd. Mae patrwm y goreuro a'r ymyl o rosod pinc ar y plât yn awgrymu iddo gael ei addurno yng ngweithdy Sims.

Mosaig y Colomennod, Rhufeinig, 2il ganrif OC. Credir ei fod yn gopi o fosaig Groegaidd hynafol. Amgueddfa Capitoline, Rhufain © Sovrintendenza Capitolina – Foto in Comune.

Plât, 1818-1820

Wedi'i addurno yn Llundain

Porslen wedi'i ffritio

Diamedr 22.8 cm

Marc: *NANTGARW* yn argraffedig. Arysgrif hefyd *I. Powell / 91 / Wimpole Street*

Rhoddwyd gan Wyndham D. Clark, 1951

NMW A 31321

Mae cefndir o danwydredd glas i ymyl y plât, nodwedd sydd fel arfer yn gysylltiedig â chyfnod Young a Pardoe yn Nantgarw. Mae'r gwydredd disglair a di-liw, fodd bynnag, yn deillio o gyfnod Billingsley a Walker, gan fod arlliw gwyrddlas i'r gwydredd a ddefnyddid gan Young a Pardoe. Mae'n dwyn marc arysgrif yr enamlydd tsieni o Lundain, John Powell, a symudodd o Marylebone i Wimpole Street ym mis Mai 1817. Roedd yn berchen ar warws tsieni yno, a disgrifiodd ei hun fel: 'china enameller to their Royal and Imperial Highnesses the Princess Charlotte, Prince Leopold and Princess Sophia of Gloucester'. Bu yno tan 1820, a bu'n gweithio yn ddiweddarach fel athro paentio tsieni.

Roedd Powell hefyd yn paentio blodau, tirluniau a ffigyrau mewn gwahanol wisgoedd, ac mae ei waith i'w weld ar borslen Abertawe a Coalport yn ogystal ag ar borslen Ffrengig wedi'i fewnforio. Daw'r olygfa ar ganol y plât o *Halt of a Hunting Party* gan Philips Wouwerman (1619-1668), a roddwyd i Oriel Ddarluniau Coleg Dulwich gan Syr Peter Francis Bourgeois ym 1811. Addasodd Powell yr olygfa o fod yn un ar ffurf betryal i fod yn un ar ffurf gron, ond mae'n bosibl ei fod wedi gweithio o'r paentiad gwreiddiol yn hytrach nag o engrafiad, gan iddo ddilyn ei liwiau'n eithaf agos, ac nid yw'r cyfansoddiad wedi'i wrthdroi.

Philips Wouwerman (1619-1668), *Halt of a Hunting Party*, olew ar gynfas. © Oriel Ddarluniau Dulwich.

Ystên hufen iâ, 1818-20

Wedi'i haddurno y tu allan i'r ffatri, yn Llundain yn ôl pob tebyg

Porslen wedi'i ffritio

Uchder 14.4 cm, diamedr 19.8 cm

Heb ei farcio

Rhoddwyd gan A. R. a M. Llewellin-Taylour, 1947

NMW A 31336

Roedd Crochendy Nantgarw yn cael trafferth mawr i danio'r ffurf unionsyth trwchus hwn a gopïwyd o fodel a ddefnyddiwyd yn Sèvres ym 1758; weithiau mae setiau o lestri pwdin wedi'u haddurno yn Llundain o borslen Nantgarw yn cynnwys ystenau hufen iâ wedi'u gwneud gan ffatrïoedd eraill. Mae'r enghraifft hon wedi colli ei chaead, oedd ag ymyl ddofn y gellid ei phacio â rhew, a dolen uchel (gweler yr enghraifft ar y dde). Byddai'r hufen iâ yn y bowlen fewnol yn cael ei gadw'n oer gan rew wedi'i falu.

Mae'r ystên hon yn un o ddwy yn set lestri pwdin Mackintosh o borslen Nantgarw, a dywedir iddi fod yn eiddo i Edward Priest Richards (1791-1867), cyfreithiwr ac asiant Caerdydd i Ardalydd Bute, cyn ei throsglwyddo i'w ddisgynnydd Ella Mackintosh ym 1880. Mae adar wedi'u paentio mewn lliwiau llachar ar holl eitemau'r set. Ymddengys bod y rhain wedi'u haddasu o nifer o ffynonellau gan gynnwys *Natural History of Uncommon Birds* George Edwards, *General Zoology* George Shaw a darluniau yr adaregydd o Ffrainc, François Levaillant (1753-1824).

Cafodd set arall o lestri pwdin o borslen Nantgarw, o leiaf un set o lestri pwdin o borslen Paris a addurnwyd yn Llundain, a set o lestri te eu paentio yn y ffordd hon hefyd. Efallai fod y rhain i gyd wedi'u harchebu gan y gwerthwr llestri tsieni, John Mortlock oddi wrth yr addurnwyr Robbins and Randall yn Barnsbury Street, Islington, a'u paentio gan Thomas Martin Randall (1786-1859).

Caead ystên hufen iâ Nantgarw, tua 1818-1820.

Dysgl hufen, 1818-1820

Wedi'i haddurno yn Llundain

Porslen wedi'i ffritio

Marc: *NANT-GARW C.W* yn argraffedig (ar y stand)

Uchder 13.4 cm, diamedr 18.8 cm

Cymynrodd Ernest Morton Nance, 1952

NMW A 31326

Dyma un o bump o fodelau o ddysglau hufen y gwyddom iddynt gael eu creu yn Nantgarw ac mae'n werth nodi patrwm y mowld castin slip, sy'n deillio o borslen Ffrengig canol y ddeunawfed ganrif. Ychwanegwyd yr addurn enamlog a goreurog yn Llundain. O'r motiffau blodau, adar a ffrwythau ar yr ymylon, gellir ei briodoli i weithdy John a James Bradley yn Pall Mall (gweler dysgl bwdin Abertawe, t. 62).

Erbyn diwedd y bedwaredd ganrif ar bymtheg, bron nad oedd wedi dod yn symbol o hunaniaeth ddosbarth canol Gymreig i gael casgliad bach o borslen Abertawe a Nantgarw yn y cartref. Roedd y set lestri hon, neu set lestri arall o'r un math, yn eiddo i'r gwleidydd a'r undebwr llafur William Brace (1865-1947).

Darnau o set o lestri pwdin, 1818-1820

Wedi'u haddurno y tu allan i'r ffatri, yn Llundain yn ôl pob tebyg

Porslen wedi'i ffritio

Ystên: uchder 12.9 cm
Dysgl a stand: uchder 15.3 cm, hyd 36.2 cm
Dysgl ganol: hyd 24.2 cm
Dysgl sgwâr: diamedr 21.6 cm
Platiau: hyd 21.7 cm

Marciau: NANTGARW yn argraffedig (ar rai darnau)

Wedi'u rhoi'n ddienw, 1990

NMW A 30177-30212

Ar ddechrau'r bedwaredd ganrif ar bymtheg roedd setiau o lestri pwdin fel arfer yn cynnwys pedwar ar hugain o blatiau, deuddeg o ddysglau (mewn setiau o bedwar), dwy ystên a dwy ddysgl fach ar gyfer hufen neu siwgr. Mae'r set hon bron yn gyflawn ac mae gan bob un o'r tri deg chwech o ddarnau ymylon gwyrdd powdr gyda phaneli bach o flodau wedi'u paentio arnynt, ac maent wedi'u haddurno'n gain yn y canol â thuswau cymhleth o flodau a ffrwythau. Mae'r rhain yn cynnwys grawnwin, pomgranadau, cyrens, a charnasiwns melyn yn ogystal â'r rhosod pinc sydd i'w gweld ar lawer o borslen Cymreig a addurnwyd y tu allan i Gymru. Gan fod yr holl gyfansoddiadau yn wahanol, mae'n debyg fod y paentiwr yn dilyn cyfres o ddyluniadau dyfrlliw. Efallai mai llestri ar gyfer oeri poteli oedd yr ystenau yn y set hon, yn hytrach na llestri ar gyfer dal hufen iâ (yn ôl yr arfer), gan eu bod wedi'u haddurno'n gywrain ar y tu mewn ac nid oes iddynt gaead na phowlen fewnol.

Ysbrydolwyd yr addurniadau hyn gan borslen canol y ddeunawfed ganrif o ffatri frenhinol Ffrainc yn Sèvres, a oedd eisoes yn destun edmygedd ac yn cael eu casglu ym Mhrydain yn ystod cyfnod y Rhaglywiaeth (gweler llestr oeri poteli Sèvres, isod). Yn hytrach na gweithio a gloywi'r goreurad yn y modd Ffrengig llafurus, gosododd yr addurnwr Prydeinig amlinell felen o gwmpas cartouches yr ymylon cyn defnyddio haen o aur mat, techneg a ddefnyddiwyd hefyd yn ffatrïoedd Spode a Daniel yn gynnar yn y 1820au.

Seau (llestr oeri poteli), porslen past meddal, Sèvres, 1771, wedi'i addurno gan Charles-Nicolas Buteux.

Plât, 1818-1820

Wedi'i addurno y tu allan i'r ffatri, yn Llundain yn ôl pob tebyg

Porslen wedi'i ffritio

Diamedr 24.4 cm

Marc: *NANT-GARW C.W* yn argraffedig

Prynwyd, 1985

NMW A 31381

Fel llawer o borslen Nantgarw a addurnwyd y tu allan i'r ffatri, mae'r dyluniad a baentiwyd ar y plât hwn baentiwyd ar y plât hwn yn gopi agos o batrwm a ddatblygwyd yn ffatri Sèvres ynghanol y 1760au. Gan adlewyrchu symlrwydd a chymesuredd addurniadau neoglasurol cynnar, roedd y dyluniad hwn o ruban gwyrddlas wedi'i blethu â thorch o flodau yn arbennig o boblogaidd yn Lloegr. Prynodd 3ydd Dug Dorset set o lestri pwdin Sèvres gyda'r addurniadau hyn wedi'u paentio arnynt ym 1770, a chafodd eraill eu cyflenwi i Syr Watkin Williams-Wynn ac i Ieirll Caerliwelydd ac Egremont. Efallai fod plât o un o'r setiau hyn wedi'i ddefnyddio fel patrwm yma, a gwnaed y dyluniad yn ddiweddarach gan nifer o ffatrïoedd eraill ym Mhrydain.

Plât o borslen Sèvres o set lestri o 1770, prynwyd gan Ddug Dorset, Knole © Yr Ymddiriedolaeth Genedlaethol/Charles Thomas.

Plât, 1818-1820

Wedi'i addurno y tu allan i'r ffatri, yn Llundain yn ôl pob tebyg

Porslen wedi'i ffritio

Diamedr 25 cm

Marc: *NANT-GARW C.W* yn argraffedig

Prynwyd, 1992 (Casgliad Syr Leslie Joseph)

NMW A 31111

Yn ystod cyfnod y Rhaglywiaeth, gwelwyd diddordeb cynyddol mewn casglu ac arddangos porslen Ewropeaidd hŷn, ac ysbrydolodd hynny wneuthurwyr cyfoes i gynhyrchu crochenwaith yn arddull yr adfywiad rococo. Mae'r plât anarferol hwn yn un o nifer fach o ddarnau cabinet Nantgarw a baentiwyd i ddynwared porslen Meissen o'r 1730au gyda golygfa o harbwr ar Fôr y Canoldir mewn cartouche strapwaith baróc. Mae yna hefyd olygfeydd harbwr llai ar yr ymyl, ond mae'r rhain wedi'u gosod yn anacronistig o fewn mowldinau o sgroliau siâp C wedi'u clymu â rhuban yn deillio o fodel rococo a wnaed yn ffatri Sèvres.

Soser borslen Meissen gyda golygfa harbwr, 1730au.

Dwy jwg laeth, 1818-1823

Paentiwyd gan Thomas Pardoe

Porslen wedi'i ffritio

Chwith: uchder 10.8 cm, hyd 16 cm
De: uchder 11.1 cm, hyd 15.7 cm

Heb eu marcio

Prynwyd, 1991 a 2012

NMW A 30229 a 39419

Mae'r jygiau'n perthyn i grŵp bach o lestri te a baentiwyd gan Thomas Pardoe gyda phortreadau bychan del o fywyd cyfoes. Mae darluniau tebyg yn llyfrau braslunio'r artist. Mae'r ddwy jwg yn dangos plant wedi'u gwisgo'n ffasiynol yn prynu blodau a ffrwythau gan werthwyr ar ochr y ffordd. Mae'r jwg ar y dde yn cynnwys milwr o Brydain mewn lifrai y gellir ei ddyddio i'r cyfnod 1816-1822. Nid yw'r jygiau'n bâr, ond mae'r gwydredd adlewyrchol, bron yn ddi-liw, a ddefnyddiwyd gan Billingsley a Walker yn perthyn i'r ddau, yn hytrach na'r gwydredd arall mwy hufennog a ddatblygwyd gan Pardoe a Young ar gyfer y stoc dros ben o grochenwaith anwydrog. Felly mae'n bosibl fod y jygiau wedi'u paentio'n fuan ar ôl i Pardoe gyrraedd ym mis Chwefror 1821.

Dyfrlliw o un o lyfrau braslunio Thomas Pardoe.

Dysgl, 1818-1823

Paentiwyd gan Thomas Pardoe

Porslen wedi'i ffritio

Hyd 30.1 cm

Marc: *NANT-GARW C.W.* yn argraffedig

Prynwyd, 1893

NMW A 31421

Ar y ddysgl hon, paentiwyd llun o'r bont fawr un-bwa 140 troedfedd dros Afon Taf ym Mhontypridd, a adeiladwyd gan William Edwards (1719-1789), gweinidog gyda'r Annibynwyr a phensaer hunanddysgedig. Gwnaeth Edwards dair ymgais aflwyddiannus cyn iddo lwyddo i gwblhau ei gontract ym 1756. Mae'r tri thwll crwn ar y naill ochr a'r llall yn lleihau'r pwysau ar hanshys y bwa. Mae hi'n bont hynod o brydferth, a phaentiodd Richard Wilson (1714-1782) a sawl artist diweddarach ddarluniau ohoni. Fodd bynnag, a hithau rhyw bum milltir i'r gogledd o Nantgarw, mae'n debygol fod Pardoe wedi mynd i weld y bont ei hun, yn hytrach na chopïo darlun ohoni.

Dangoswyd y ddysgl yn Arddangosfa Diwydiant a Chelf Gain Caerdydd ym 1870, a dywedir iddi fod yn eiddo i'r bardd Gwilym Morgannwg (Thomas Williams, 1778-1835), a oedd hefyd yn dafarnwr y New Inn, a welir ar ochr dde'r engrafiad ar y dde.

Ponty-pryd, Glamorganshire, engrafiad gan John Charles Varrall ar ôl llun gan John Hassell, 1818.

Powlen bwnsh, 1818-1823
Paentiwyd gan Thomas Pardoe
Porslen wedi'i ffritio
Uchder 12.4 cm, diamedr 29.1 cm
Heb ei farcio. Arysgrif: *Pen-y-Rhos*
Prynwyd, 1991
NMW A 30228

Y ffermdy a ddarlunnir yw Pen-y-Rhos ym mhlwyf Eglwysilan, gyda Mynydd Meio yn y cefndir. Dyma gartref Edward Edmunds (tua 1762-1847), ffermwr a dyn busnes llwyddiannus a oedd yn gosod safle cyfagos ffatri Nantgarw i William Billingsley a William Weston Young. Roedd yn landlord cefnogol a weithredodd fel un o ymddiriedolwyr Young pan aeth yn fethdalwr ym mis Awst 1822, ac efallai fod y bowlen oreurog gain hon wedi'i haddurno yn rhodd i ddiolch iddo tua'r adeg honno.

Mae cefn y bowlen yn dangos llun o fuarth, gyda gwartheg a ieir yn y blaen. Roedd porslen Nantgarw yn anodd ei weithio, ac mae'r bowlen hon o grochenwaith trwm wedi'i ffurfio â llaw. Ymddengys mai'r un yw'r gwydredd â'r hyn a ddefnyddiai Young yng ngwanwyn 1821.

Plât, 1818-1823
Paentiwyd gan Thomas Pardoe
Porslen wedi'i ffritio
Diamedr 21.5 cm
Marc: *NANT-GARW C.W* yn argraffedig
Rhoddwyd gan W. S. de Winton, 1918
NMW A 30468

Addurnwyd y plât hwn yn gywrain gan Pardoe fel darn 'cabinet' neu ddarn addurniadol, er ei fod wedi'i fwriadu i'w werthu'n lleol yn ôl pob tebyg. Copïwyd y portread canolog o ddau ffesant ar gangen yn erbyn gweundir o ddyluniad dyfrlliw yn un o lyfrau braslunio Pardoe, ac mae'n ymddangos mai cyfansoddiad o waith Pardoe ydyw. Mewn cyferbyniad, adar egsotig mwy generig Pardoe sydd wedi'u paentio ar y siapiau yn yr ymyl tanwydredd glas. Roedd hefyd yn oreurwr medrus, ac mae'n llwyddo i greu effaith frith (*caillouté*) yma mewn aur yn erbyn y glas, effaith a ddeilliai'n wreiddiol o borslen Sèvres yn y 1760au, ac a gopïwyd wedi hynny ym Meissen a Chaerwrangon.

Dyfrlliw o un o lyfrau braslunio Thomas Pardoe.

Gwaith Tsieni Nantgarw 1813-1814 a 1816-1823

Plât, 1818-1823
Wedi'i baentio yn y ffatri
Porslen wedi'i ffritio
Diamedr 23.8 cm
Marc: *NANT-GARW C.W* yn argraffedig
Cymynrodd Ernest Morton Nance, 1952
NMW A 31470

Mae'r plât hwn yn perthyn i ddosbarth o grochenwaith Nantgarw a addurnwyd yn lleol ac a baentiwyd mewn dull bras wedi'u hysbrydoli gan bynciau syml, dwyreiniol yn bennaf, mewn palet enamel cyfyngedig. Weithiau gelwir y rhain yn 'blatiau prentis' ac mae'n debyg eu bod yn waith paentwyr lled-fedrus a ddilynai ddyluniadau gan Thomas Pardoe neu un o'i blant. Er eu bod yn amlwg wedi'u paentio'n gyflym, mae eu naturioldeb rhwydd yn awgrymu y gallent fod yn waith gan Thomas Pardoe ei hun mewn gwirionedd, gan y gallai fod wedi datblygu'r arddull syml, bron yn naïf hon i addurno setiau o lestri i'w gwerthu'n gyflym.

Roedd lluniau chinoiserie o garpiaid ar lan llyn yn boblogaidd yn Nantgarw, ond mae'r plât hwn yn anarferol gan fod manylion goreurog yn yr olygfa ganolog, yn ogystal â band lliw siocled ar yr ymyl allanol, oedd yn ddewis rhatach na goreuro.

Plât, 1818-1822
Paentiwyd gan Thomas Pardoe
Porslen wedi'i ffritio
Diamedr 21.9 cm
Marc: *NANT-GARW C.W* yn argraffedig
Prynwyd, 1913
NMW A 31450

Er ei fod yn arlunydd tirluniau a ffigyrau campus, arlunydd blodau oedd Thomas Pardoe yn anad dim. Paentiodd rosyn pinc, sgorpionllys a thusw o flodau a deiliant ar ganol y plât hwn. Mae ymyl o binc anarferol yn gefndir ar y plât lle mae'r mowldinau cerfwedd wedi'u gadael yn ddiaddurn. Rhwng y rhain ceir sbrigynnau bychan o fes a chrafanc-y-frân porffor.

Mae'r plât yn rhan o set o lestri pwdin y mae ei darnau bellach ar wasgar ac fe'i lluniwyd gan Pardoe a Young ym 1822 ar gyfer Wyndham Lewis (1780-1838) o Dongwynlais, ger Caerdydd. Roedd Lewis, 'dyn tenau, main a gwelw', yn destun dychan, a châi ei alw yn 'Timothy Weasel' gan rai o'i gyfoeswyr. Yn bedwerydd mab i weinidog, dechreuodd ei yrfa ym 1798 fel clerc i gyfreithiwr. Erbyn 1808 roedd yn rhedeg ei bractis gwledig ei hun ym Mhen-tyrch. Trawsnewidiwyd ei fywyd pan fu farw ewythr di-blant iddo ddwy flynedd yn ddiweddarach, gan ei wneud ef a'i frawd yn brif gyfranddalwyr yng Ngwaith Haearn Dowlais.

Roedd yn bartner gweithredol yn Nowlais, a chanmolwyd ei graffter busnes. Ef oedd yn bennaf cyfrifol am gyfrifon a rheoli prydlesi, contractau, eiddo, trafnidiaeth a threfniadau bancio'r cwmni. Roedd yn Aelod Seneddol Annibynnol dros Fwrdeistrefi Morgannwg rhwng 1820 a 1826, ac wedi hynny daeth yn AS Torïaidd dros etholaethau yn Lloegr. Ym 1815, priododd â Mary Anne Evans (1792-1872), gwraig Benjamin Disraeli yn ddiweddarach.

Wyndham Lewis (1780-1838) gan Samuel William Reynolds, argraffwyd gan Lahee & Co, mesotint, dechrau'r 1830au © Yr Oriel Bortreadau Genedlaethol, Llundain.

Plât, 1818-1823
Paentiwyd gan Thomas Pardoe
Porslen wedi'i ffritio
Diamedr 21.3 cm
Marc: *Nantgarw* mewn llawysgrifen oreurog
Rhoddwyd gan I. Louie, 1891
NMW A 31449

Plât, 1818-1823
Paentiwyd gan Thomas Pardoe
Porslen wedi'i ffritio
Diamedr 21.8 cm
Marc: *NANTGARW C.W.* yn argraffedig
Prynwyd, 1895
NMW A 30463

Roedd y plât ar y chwith yn amlwg yn ddarn arbennig a baentiodd Pardoe i arddangos ei sgiliau. Yn gyntaf, gosododd amlinell o las tanwydredd o gwmpas y lliw gwreiddiol yn y canol cyn paentio mewn enamelau, gan gyfuno dau fotiff a ddefnyddiwyd yn aml ganddo ar lestri Nantgarw – dyn o ddwyrain Asia yn marchogaeth eliffant drwy goed palmwydd, a grwpiau o adar egsotig mewn tirluniau. Mae brychni goreurog ar yr ymyl las golau, frith gydag addurniadau pellach o bennau blodau Japaneaidd mewn coch. Yn anarferol iawn, mae'r plât hefyd yn dwyn yr arysgrif 'Nantgarw' ar y cefn yn llawysgrifen unigryw Pardoe.

Mae'r plât ar y dde yn anorffenedig, yn ôl pob tebyg am fod Pardoe wedi marw ar 23 Gorffennaf 1823 cyn y gallai ei gwblhau. Rhoddwyd rhimyn glas dwfn i'r porslen anwydrog cyn ei wydro a'i danio. Yna paentiodd Pardoe y dirwedd gefndirol a brasluniodd amlinelliad y ffigyrau gwledig, gan ddefnyddio lliwiau gwyrdd, brown a glas yn gyntaf gan fod angen tanio'r lliwiau hyn ymhellach ar dymheredd uchel. Byddai wedi bwriadu llenwi'r ffigyrau gan ddefnyddio enamelau mwy cywrain fel coch a lliw croen, cyn i'r plât gael ei danio eto ar dymheredd is a'i oreuro.

6 | Blynyddoedd olaf Crochendy'r Cambrian 1824-1870

Llwyddodd Lewis Weston Dillwyn i ailafael yn ei reolaeth ar Grochendy'r Cambrian ym 1824. Teithiodd i Swydd Stafford i chwilio am asiant i'r Crochendy, a phenododd John Hancock ym mis Mawrth 1824. Penododd David Evans yn Rheolwr Masnachol, Isaac Wood (cyn-fodelwr porslen) yn Rheolwr y Gwaith, a daeth Mr Voss yn Bennaeth y Tŷ Cyfrif ac yn Brif Ariannwr. Ym 1827, daeth David Edwards yn asiant yn lle Hancock, ac yn ddiweddarach cafodd James Hinckley o Stoke-on-Trent y swydd. Gwyddom o ffurflenni'r cyfrifiad fod cyfran o'r gweithlu, gan gynnwys crochenwyr, engrafwyr ac addurnwyr, wedi dod i weithio yng Nghrochendy'r Cambrian o Swydd Stafford.[23]

Dan arweiniad Dillwyn, cafwyd gwelliant sylweddol yn ansawdd y priddwaith, cyflwynwyd siapiau newydd, ac roedd ffocws ar addurno trwy brintio troslun. Roedd y cynhyrchion yn amrywiol iawn; gwrthrychau i'r cartref yn bennaf ond roedd yna hefyd grochenwaith ar gyfer masnachwyr. Mae rhestr brisiau 1843 yn cynnwys dros gant o wahanol ddosbarthiadau o wrthrychau, yn amrywio o lestri te a chinio bob-dydd i wrthrychau mwy anarferol fel tybiau wystrys, paledau paent, cyrn blodau, potiau myrtwydd, mygiau poeri a mowldiau melon.[24] Roedd modd cael taith o gwmpas y Crochendy, ac ymwelodd nifer o bwysigion, gan gynnwys yr Arglwydd Ilchester, y Fonesig Charlotte Talbot a Syr Humphry Davy.[25]

Roedd y Crochendy'n gwasanaethu'r farchnad leol yn bennaf. Er enghraifft, mae hysbyseb a roddwyd yn *The Cambrian* ar 2 Tachwedd 1827 yn cofnodi dyfodiad llong i Gaerdydd gyda chargo o briddwaith o Abertawe. Roedd y fasnach dramor hefyd yn parhau o ddiddordeb i'r cwmni, gan gynnwys Chile, Iwerddon a chyfandir Ewrop:
Almost every variety of earthenwares are manufactured in the "Cambrian Pottery." The produce in printed, painted, dipt, and cream-coloured wares, is chiefly disposed of at home, but the foreign trade is extending. (*The Morning Chronicle*, dydd Mercher, 14 Awst 1850).

Ymddengys fod y cyfnod newydd hwn yn hanes Crochendy'r Cambrian wedi cael cychwyn cadarn. Ym 1827 gwnaeth y busnes elw o dros £1,363, er gwaethaf nifer o ddyledion yn cynnwys 'diffygion trwm a chwbl anesboniadwy' yn y stoc o ganlyniad i ladrad gan George Green, y Prif Daniwr Sglein.[26]

---

[23] Arleen Tanner, Grahame Tanner (gol.), *Swansea's Cambrian Pottery Transferware: and Other Welsh Examples* (2005), tt. 19-29

[24] Papurau teulu Jago, Cornwall Record Office, AD/194/2 (Conroy, 2018, 122-124)

[25] Llythyr oddi wrth Davy at J. H. Vivian, 20 Rhagfyr 1825 (Llyfrgell Genedlaethol Cymru, Papurau Vivian, ISYSARCHB67, A202)

[26] Dyddiadur Lewis Weston Dillwyn, 29 Rhagfyr 1826 ac 16 Ionawr 1827

Ym 1831 rhoddwyd y Crochendy yn enw mab Dillwyn, Lewis Llewelyn. Cymerodd reolaeth lawn ym 1836, er i'w dad barhau i ymddiddori yn y busnes, gan oruchwylio, er enghraifft, y broses o brynu a chau Crochendy Morgannwg ym 1838. Gellid dadlau mai o dan Lewis Llewelyn y cafwyd cynnyrch mwyaf arloesol Crochendy'r Cambrian, pan wireddwyd 'llestri Etrwsgaidd Dillwyn'. Cafodd y cynnyrch ffasiynol a fforddiadwy hwn ei gynhyrchu rhwng 1848 a 1850, ac roedd yn gerameg addurniadol wedi'i ddylanwadu gan ddarganfyddiadau archeolegol. Cafodd ei fodelu gan William Clowes a'i addurno gan ddefnyddio dyluniadau wedi'u hengrafu gan John Stanway Brown. Er i'r darnau ddenu edmygedd y beirniaid, byrhoedlog ac amhroffidiol fu'r fenter.

Roedd y busnes yn sicr yn dirywio erbyn i Dillwyn brydlesu'r crochendy i'r gweithwyr David Evans a John Glasson ym 1850. Yr un flwyddyn, adroddodd *The Morning Chronicle* fod masnach grochenwaith de Cymru wedi bod mewn 'cyflwr marwaidd' ers amser maith. Dywedwyd bod y Crochendy yn cyflogi 200 o bobl, gyda dros hanner ohonynt yn fenywod a phlant, gan gynnwys rhai mor ifanc ag wyth oed.[27]

Mae'r erthygl yn *The Morning Chronicle* yn nodi bod y Crochendy'n defnyddio 3,300 tunnell o lo bob blwyddyn, gostyngiad o 17.5% o 4,000 tunnell ar ei anterth. Roedd y diwrnod gwaith yn ddeuddeg awr o hyd, gan ddechrau am 6am. Roedd y dyddiau hirfaith hyn yn golygu mai prin iawn fyddai'r cyfle i blant gael addysg.[28] Câi cyflogau eu talu ar sail y gwaith a gyflawnwyd, ac roedd incwm gweithwyr gwrywaidd wedi gostwng gan hyd at draean. Roedd llawer o'r menywod a'r plant yn cael eu cyflogi gan y dynion, felly byddai eu henillion hwythau wedi gostwng ar gyfradd debyg.

Roedd marwolaeth Glasson yn ei gartref yn Plymouth ym mis Mawrth 1852, yn 47 oed, yn ergyd arall. Yn ystod y deunaw mlynedd nesaf, byddai ansawdd y cynhyrchion yn dirywio a'r busnes yn methu. Cafodd y brydles ei hildio gan Evans ym 1870, a daeth y gwaith cynhyrchu yng Nghrochendy'r Cambrian i ben.

---

[27] Mae arolygiad ffatri 1842 yn rhestru 238 o weithwyr, gan gynnwys 48 rhwng 13 a 18 oed a 22 o dan 13 oed (Ian Winstanley (gol.), Children's Employment Commission 1842. South Wales 2, (1999), t. 14). Mae ffurflenni cyfrifiad ar gyfer 1851 yn awgrymu bod y gweithlu, yn ôl pob tebyg, yn llai erbyn y dyddiad hwnnw

[28] Grant-Davidson, 2010, Atodiad IV

Powlen Bwnsh, 1845

Dyluniwyd gan George Grant Francis, FSA

Paentiwyd gan Stephen Dingley

Priddwaith enamlog wedi'i oreuro

Diamedr 36.8 cm

Marc: *Made at Dillwyn / Pottery Swansea* (wedi'i baentio â llaw mewn enamel du)

Prynwyd, 1996

NMW A 32643

Cyflwynwyd y bowlen bwnsh drawiadol hon i John Crow Richardson (1842-1903) o Abertawe gan ei dad-cu, John Richardson (1790-1858). Mae bron yn union yr un fath â phowlen a gyflwynwyd i John Richardson Francis, ac sydd bellach yng nghasgliad Oriel Gelf Glynn Vivian. Rhoddodd John Richardson y powlenni i'w wyrion bach i nodi eu pen-blwyddi, pan oedd yn Faer Abertawe.

Wedi'i eni yn South Shields, daeth John Richardson i Abertawe ym 1826 a daeth yn un o brif adeiladwyr llongau'r dref, gan adeiladu llongau ar gyfer y fasnach gopr. Roedd ei ddiddordebau busnes yn amrywiol, yn cynnwys partneriaeth yn y Liverpool Packet Steam Company, a oedd yn gweithredu'r gwasanaeth rhodlongau cyntaf rhwng Abertawe a Lerpwl. Dilynodd John Crow Richardson ei dad i fod yn Gyfarwyddwr y Glamorganshire Banking Company ac roedd hefyd wedi buddsoddi yn y meysydd glo. Daeth yn Uchel Siryf Sir Gaerfyrddin ym 1893.[29]

Roedd George Grant Francis (1814-1882) yn briod â Sarah, merch John Richardson, a chynlluniodd y bowlen hon ar gyfer ei nai, a'r llall ar gyfer ei fab. Roedd yn hynafiaethydd amlwg yn Abertawe, a bu'n rhan o sefydlu Cymdeithas Archeolegol Cambrian a Sefydliad Brenhinol De Cymru. Cynrychiolodd ardal Abertawe fel comisiynydd lleol ar gyfer yr Arddangosfa Fawr ym 1851.[30]

---

[29] M. Richardson a P. Richardson, *The Richardsons of Swansea. Ship Owners and Copper Merchants*, (2010), cyhoeddwyd yn breifat

[30] G. Goodwin, diwygiwyd gan B. Jones, 'Francis, George Grant (1814-1882)', *Oxford Dictionary of National Biography* (cyrchwyd 20/08/21)

Jwg, tua 1850
Perlwaith print troslun
Uchder 35 cm
Heb ei farcio
Prynwyd, 1992 (Casgliad Syr Leslie Joseph)
NMW A 31125

Hwyrach i'r jwg fawr hon gael ei chreu fel darn enghreifftiol mewn warws neu siop, i arddangos ansawdd ac amrywiaeth crochenwaith printiedig Crochendy'r Cambrian, gan ei bod yn defnyddio pedwar lliw printio ac addurniadau wedi'u llenwi. Cafodd print bras y patrwm 'Oriental Basket' yng nghanol y cyfansoddiad ei gyflwyno tua 1836. Fe'i hamgylchynir gan amrywiaeth eang o bortreadau llai yn cynnwys golygfeydd morol a gwledig, delweddau Masonaidd, a golygfeydd 'carwriaeth a phriodas'. Nid yw llawer o'r printiau hyn wedi'u cofnodi fel arall ar Grochenwaith Cambrian.

Mae'r jwg yn cynnwys casgliad cyfoethog a chymhleth o negeseuon symbolaidd a phosibilrwydd arall yw bod y gwaith wedi'i gomisiynu gan, neu ar gyfer, cleient oedd â chysylltiadau â Chernyw. Mae'r cynllun addurniadol yn cynnwys pymtheg besawnt mewn pentwr – motiff o ddotiau wedi'u trefnu i ffurfio triongl ben i waered – sy'n arwydd herodrol ar gyfer Cernyw. Nodwedd anarferol arall yw cynnwys arysgrifau Cymraeg, *ALLWEDD CALON CWRW DA / CYMRI DROS BYTH* a *CYMRY FU, CYMRY FYDD*, yn ogystal â'r ymadrodd Gwyddeleg wedi'i Seisnigeiddio *ERIN GO BRAGH* (Iwerddon am byth). Anaml y ceir arysgrifau o'r fath ar lestri Cambrian, sydd eto'n awgrymu ei fod yn gomisiwn arbennig.

Platiau, tua 1825-1830
Priddwaith
Diamedr 20 cm
Marc: *DILLWYN & Co SWANSEA* (yn argraffedig)
Rhoddwyd gan C. Scoble, 1932; cymynrodd Ernest Morton Nance, 1952
NMW A 31536 a 31537

Roedd platiau ag ymylon plethedig yn wrthrychau addurnol, i'w harddangos yn hytrach na'u defnyddio. Gellid plethu rhuban lliwgar drwy'r ymyl tyllog, fel y gwelir ar y plât ar y dde. Gwnaed dyluniadau tebyg yng Nghrochendy Morgannwg a Chrochendy Moore yn Sunderland.

Cynhyrchwyd llestri gloyw, gyda'u haddurniad symudliw, ym Mhrydain o tua dechrau'r bedwaredd ganrif ar bymtheg. Câi'r gloywedd pinc a ddefnyddid i addurno'r platiau ei greu o gyfansoddyn powdr aur a thun. Er mor boblogaidd oedd y cynnyrch, cyflenwadau bach o lestri gloyw a gynhyrchwyd yn ystod cyfnod olaf Crochendy'r Cambrian ac roedd yn tueddu i gael ei ddefnyddio i addurno jygiau a phlatiau ag ymylon plethedig. Mae rhestr brisiau 1843 yn dangos mai llestri gloyw oedd y math drytaf o addurn safonol a oedd ar gael bryd hynny. Pris dwsin o blatiau gloyw chwe modfedd oedd 2s 3c, pris enghreifftiau 'Best Blue, Blk. & Green' oedd 2s, a phris y rhai â 'Willow' oedd 1s 2c, gyda phlât diaddurn yn costio dim ond 8 ceiniog y dwsin.[31]

[31] Gweler nodyn 25

Llestr Hufen, tua 1830-1838
Crochendy Morgannwg, Abertawe
Priddwaith print troslun
Hyd 17.4 cm
Marc: *Opaque / China / BB&I* (printiwyd mewn rhuban a cartouche)
Cymynrodd Ernest Morton Nance, 1952
NMW A 31891

Llestr Hufen, tua 1825-1835
Priddwaith print troslun
Hyd 17.8 cm
Heb ei farcio
Cymynrodd Ernest Morton Nance, 1952
NMW A 31587

Cynhyrchwyd llestri hufen ar ffurf buwch – eitem ddigri i'w defnyddio i weini llaeth neu hufen amser te – gan lawer o gynhyrchwyr Prydeinig yn ystod y bedwaredd ganrif ar bymtheg. Caiff yr hufen ei dywallt i mewn i'r jwg drwy agoriad ar y cefn, a chynffon y fuwch yw'r ddolen. Mae'n debyg bod enghreifftiau cynharach o'r dyluniad wedi'u cynhyrchu mewn arian yn Lloegr yn ystod ail hanner y ddeunawfed ganrif, gan wneuthurwyr fel John Schuppe.

Bu Crochendai'r Cambrian a Morgannwg yn creu llestri hufen o'r math hwn gan eu haddurno gan amlaf â phrint troslun. Mae patrwm o gregyn a sgroliau ar un ochr o jwg y Cambrian a sbrigyn o flodau ar y llall, tra bod dwy olygfa bysgota gyfatebol ar jwg Morgannwg a ddefnyddiwyd ar amrywiaeth o ddarnau ar gyfer y cartref. Er bod y llestri hufen yn debyg iawn o ran ffurf a maint, ni chawsant eu gwneud o'r un mowld; ar y cyfan, mae'n debyg bod siâp y frest ar lestri hufen Crochendy'r Cambrian dipyn yn amlycach nag ar rai Morgannwg.

Tebot, tua 1825-1835
Priddwaith print troslun
Hyd 27.3 cm
Heb ei farcio
Cymynrodd Ernest Morton Nance, 1952
NMW A 31559

Tebot, tua 1827-1835
Priddwaith print troslun
Hyd 27 cm
Marc: croes fach (wedi'i mowldio)
Cymynrodd Ernest Morton Nance, 1952
NMW A 31524

Blwch siwgr, tua 1825-1835
Priddwaith print troslun
Hyd 17.9 cm
Marc: *Mignionette* (printiwyd)
Cymynrodd Ernest Morton Nance, 1952
NMW A 31521

Caiff ffurf hirgul y llestri te hyn ei alw'n 'siâp Llundain'. Mae'n debyg bod y dyluniad wedi'i gymryd o enghreifftiau cyfoes a wnaed o arian neu blât arian. Mae print troslun gyda phatrwm ffasiynol ar bob darn ac mae'n dangos tri o'r gwahanol liwiau printio a ddefnyddiwyd yng Nghrochendy'r Cambrian yn ystod y 1820au a'r 1830au.

Roedd gweithgareddau hamdden parchus yn bynciau poblogaidd ar gyfer printiau troslun ar ddechrau'r bedwaredd ganrif ar bymtheg a chyflwynwyd y 'Lady Archers' (canol) yn ystod y 1820au. Mae amrywiadau o'r patrwm ar lestri te, jygiau a photiau coffi. Gwelwyd patrymau tebyg gan sawl ffatri wahanol, gan gynnwys Wedgwood. Mae 'Swan and Flying Bird' yn ddyluniad tebyg ond mwy arddulliadol. Mae'n cynnwys elyrch ar lyn gydag aderyn yn hedfan i'r ochr chwith, ac adeiladau pagoda yn y cefndir. O gwmpas yr olygfa mae patrwm anghymesur sy'n cynnwys sbrigynnau o flodau, deiliant a sgroliau, ac i'r chwith mae ffynnon ddŵr. Ar y ddau debot, gwelir uniad amlwg ble torrwyd y troslun papur yn ôl maint y darn.

Mae'r blwch siwgr wedi'i addurno â'r patrwm 'Mignionette', sef y ddalen batrwm gynharaf a ddefnyddiwyd gan Grochendy'r Cambrian. Mae dalen batrwm yn cynnwys addurniadau ailadroddus heb unrhyw ganol amlwg neu ymyl penodol, sy'n golygu y gellir ei brintio ar draws wyneb cyfan y gwrthrych.

Grŵp o Lestri 'Etrwsgaidd', 1847-1850
Priddwaith print troslun
Uchder uchaf 25.8 cm
Marc: *DILLWYN'S / ETRUSCAN / WARE* (printiwyd)
Cymynrodd Ernest Morton Nance, 1952; prynwyd, 1906 (dysgl dwy ddolen/*kylix*)
NMW A 31820, 31827, 31832, 31835 a 31847

Gellid dadlau mai llestri Etrwsgaidd, gâi eu gwneud dan oruchwyliaeth agos Lewis Llewelyn Dillwyn oedd cynnyrch mwyaf arloesol a nodedig cyfnod diweddar Crochendy'r Cambrian. Wedi'i gwneud o glai llawn haearn o ystâd deuluol Dillwyn ym Mhenlle'r-gaer, ysbrydolwyd y gyfres ffasiynol a fforddiadwy hon o grochenwaith celf gan ddarganfyddiadau archeolegol cyfoes a oedd wedi sbarduno diddordeb yn y byd clasurol.

Nid Crochendy'r Cambrian oedd yr unig un i ymateb i'r awch hwn am ddyluniadau clasurol, a chynhyrchwyd darnau tebyg mewn cerameg a gwydr gan gwmnïau fel Wedgwood a Richardson's o Stourbridge. Cafodd siapiau'r llestri Etrwsgaidd eu modelu gan William Clowes a'u haddurno gan ddefnyddio dyluniadau a engrafwyd gan John Stanway Brown. Mae rhai wedi awgrymu bod Bessie, gwraig Dillwyn wedi cyfrannu at ddatblygu'r llestri Etrwsgaidd, ond mae ymchwil mwy diweddar yn cwestiynu'r ddamcaniaeth hon. Nid oedd y llestri Etrwsgaidd yn llwyddiant masnachol, a daeth y fenter i ben pan drosglwyddwyd y busnes i David Evans a John Glasson.

Fâs, tua 1825
Priddwaith print troslun
Uchder 43.6 cm
Marc: *SWANSEA* dros dryferi croes (yn argraffedig)
Prynwyd, 1954
NMW A 31771

Mae'n bosibl mai llosgwr pastiliau oedd y fâs addurnol hon. Fel arfer, mae'r rheiny'n llai o ran maint, ond gallai'r enghraifft hon fod wedi cael ei dylanwadu gan y llosgwyr pastiliau mawr a gyflwynwyd gan Wedgwood ar ddechrau'r bedwaredd ganrif ar bymtheg. Powdr siarcol ar ffurf côn oedd pastil, wedi'i drochi mewn olew persawrus. Ar ôl cynnau a llosgi'r pastil, byddai persawr yn lledu drwy'r ystafell.

Y fâs hon a'i chydymaith (sydd heb ei chaead) yw'r unig enghreifftiau a gofnodwyd o'r siâp hwn. Mae tryfer wedi'i argraffu arni, sef y marc a ddefnyddiwyd ar y porslen 'trident' a ddatblygwyd yn ystod cyfnod diweddarach Gwaith Tsieni Abertawe, nad yw fel arall yn cael ei ddefnyddio ar briddwaith.

Potel, 1850
Evans & Glasson
Priddwaith print troslun
Uchder 16.5 cm
Heb ei farcio
Rhoddwyd gan W. J. Grant-Davidson, 1994
NMW A 32254

Mae'n debyg mai dal cwrw neu seidr fyddai diben poteli crwn o'r math hwn, gyda chorcyn pwrpasol yn gaead iddynt. Mae siâp y ddolen i'w weld ar fygiau mawr ond mae corff y botel wedi'i lunio ar droell ac felly mae'n unigryw, o bosibl. Mae'r monogram *R M / 1850* yn awgrymu mai comisiwn arbennig ydoedd. Nid yw'r patrwm dalen o gyrens aeddfed, a brintiwyd mewn glas, wedi'i gofnodi ar unrhyw wrthrych arall gan Grochendy'r Cambrian.

Ar ddwy ochr y botel mae golygfa unlliw wedi'i phrintio ar y cefndir gwyn. Mae'r olygfa ddramatig o harbwr a thref Abertawe yn deillio o brint a gyhoeddwyd gan J. Newman o Watling Street, Llundain. Mae'r ail yn coffáu ymweliad y Frenhines Fictoria â Place House yn Fowydh (Fowey), Cernyw, ar 8 Medi 1846. Joseph Thomas Treffry (1782-1850) oedd perchennog Place House ar adeg yr ymweliad. Roedd Treffry yn ddyn mentrus oedd â diddordebau busnes eang, gan gynnwys gwaith clai yn ardal Tredhinas (St Dennis) yng Nghernyw a oedd yn cyflenwi nifer o grochendai Swydd Stafford.

Jwg, tua 1860-1870
D. J. Evans & Co
Priddwaith print troslun enamlog
Uchder 22.6 cm
Marc: *D. J. EVANS & CO/ BIRDS/ SWANSEA* (printiwyd)
Rhoddwyd gan F. Emile Andrews, 1932
NMW A 31742

Cynhyrchwyd y jwg hon yn ystod blynyddoedd olaf Crochendy'r Cambrian, tra'r oedd o dan arweiniad David Evans yn dilyn marwolaeth John Glasson. Nid yw'r crochenwaith print troslun a grëwyd yn y cyfnod hwn mor uchelgeisiol a chywrain â darnau cynharach; mae bron fel pe bai'r jwg yn symbol o dranc araf y busnes.

Mae dwy ddelwedd wedi'u printio ar y jwg o'r gyfres 'Birds' – un o'r ychydig gyfresi newydd o batrymau a gyflwynwyd yn y cyfnod hwn. Ar un ochr mae golygfa o ddau aderyn yn clwydo ar ganghennau mewn coedwig, ac ar y cefn, mae grŵp o adar hela bach mewn llannerch, gyda llwynog yn ymddangos o'r llwyni. Ymddengys fod y patrymau adar hyn wedi'u cadw ar gyfer y math arbennig hwn o jwg ac fel arfer maent wedi'u printio mewn tanwydredd glas neu frown gyda throsbaentio enamlog. Cynhyrchwyd y siâp jwg syml, siâp gellygen hwn yng Nghrochendy Llanelli hefyd.

Plât, tua 1840
Dillwyn & Co.
Priddwaith print troslun
Diamedr: 15.8 cm
Heb ei farcio
Cymynrodd Ernest Morton Nance, 1952
NMW A 31638

Plâ, 1838
Dillwyn & Co.
Priddwaith print troslun
Diamedr 15.9 cm
Marc: DILLWYN / SWANSEA (yn argraffedig)
Cymynrodd Ernest Morton Nance, 1952
NMW A 31627

Plât, tua 1840
Dillwyn & Co.
Priddwaith print troslun enamlog
Diamedr 21.3 cm
Marc: DILLWYN & CO / 1 (yn argraffedig)
Cymynrodd Ernest Morton Nance, 1952
NMW A 31621

Ynys lanw yng ngorllewin Cernyw yw Karrek Loos yn Koos (St Michael's Mount). Pan fo'r llanw'n isel gellir cyrraedd yr ynys ar droed ar hyd sarn o'r harbwr yn nhref Marhasyow (Marazion). Adeiladwyd yr eglwys a'r castell a welir ar gopa'r ynys yn y canol oesoedd a heddiw fe'u rheolir gan yr Ymddiriedolaeth Genedlaethol.

Cynhyrchwyd nifer o ddarnau coffa gan Grochendy'r Cambrian tua 1840. Coroni'r Frenhines Fictoria oedd testun un o'r darnau, a chynhyrchwyd plât yn portreadu'r Tywysog Albert hefyd. Mae'r plât sy'n darlunio'r diwygiwr a'r dirwestwr James Tear Preston yn un o gyfres a oedd hefyd yn cynnwys John Wesley, un o sylfaenwyr y Methodistiaid, a'r diwinydd John William Fletcher.

Jwg, 1825-1830
Dillwyn & Co.
Priddwaith print troslun
Diamedr 25.8 cm
Marc: *DILLWYN & CO SWANSEA* (yn argraffedig)
Cymynrodd Ernest Morton Nance, 1952
NMW A 31763

Plât, 1825-1830
Dillwyn & Co.
Priddwaith print troslun
Uchder 25.2 cm
Cymynrodd Ernest Morton Nance, 1952
NMW A 31762

Mae'r darnau hyn wedi'u printio gyda'r patrwm 'Women with Baskets' sydd, mae'n debyg, yn unigryw i Grochendy'r Cambrian. Mae'n darlunio dwy fenyw a dyn ifanc ar lan afon. Mae'r menywod yn cario basgedi ac o bosibl yn golchi dillad. Printiwyd y patrwm mewn gwahanol liwiau gan gynnwys du, glas a phiws.

Jygiau, 1835-1850
Dillwyn & Co.
Priddwaith enamlog wedi'i fowldio a'i loywi
Uchder mwyaf 19 cm
Marc: CYMRO/STONE/CHINA (wedi'i fowldio; NMW A 31599-600, NMW A 31678); [cartouche] (yn argraffedig, NMW A 31604)
Cymynrodd Ernest Morton Nance, 1952; rhoddwyd gan Florence S. Nicholas, 1933; rhoddwyd gan E. Knibbs, 1939
NMW A 31608-9, 31599-600, 31604, 31678

Mae'r grŵp hwn o jygiau siâp pwrs yn dangos yr amrywiaeth o dechnegau addurno llaw a oedd yn cael eu defnyddio gan Grochendy'r Cambrian o tua 1835 i 1850, gan gynnwys enamlo, gloywi, mowldio, a defnyddio slipiau a gwydredd lliw. Mae gan ddwy ohonynt arysgrifau personol. Cyflwynwyd y gyntaf i'r Parchedig William Howells ym 1847, a ddaeth yn Bennaeth Coleg Calfinaidd Trefeca yn ddiweddarach. Mae'r ail wedi'i chyflwyno i wraig y Parchedig Howells, sef Margaret Morgan o Glanbrydan ger Llandeilo, ac fe'i rhoddwyd iddi yn yr un flwyddyn gan Mary Ann Morris, a oedd yn gyfrifol am y gwaith addurno yn ôl Ernest Morton Nance.

Mae dwy o'r jygiau wedi'u haddurno gan flodau a gwinwydd ffrwythlon, sydd wedi'u mowldio a'u gosod ar yr arwyneb. Mae adroddiad 1842 ar gyflogi plant yn ne Cymru yn cofnodi profiad Thomas James, pedair ar ddeg oed, a oedd wedi gweithio yng Nghrochendy'r Cambrian ers pedair blynedd. Yn ôl ei ddisgrifiad o'i waith, byddai'n creu ffigyrau mewn mowldiau i'w rhoi ar ochrau'r llestri. Byddai'n gweithio deuddeg awr y dydd ac yn derbyn cyflog o 3s 6c yr wythnos gan ei feistr. Roedd yn un o 70 o blant dan ddeunaw oed oedd yn gweithio yn y ffatri ar adeg yr arolwg.

7 | Crochendy Morgannwg 1813-1838

Ym 1810 gadawodd George Haynes Grochendy'r Cambrian ar ôl un mlynedd ar hugain o wasanaeth, yn sgil anghydfod chwerw a chyhoeddus iawn gyda Lewis Weston Dillwyn, a wnaeth niwed parhaol i'w perthynas. Yn dilyn ei ymadawiad – ac er mwyn cythruddo Dillwyn efallai – aeth Haynes ati i gychwyn y South Wales Soap Works ar safle hen ffowndri drws nesaf i Grochendy'r Cambrian. Roedd aroglau'r ffatri sebon yn ofnadwy ac yn gyrru ymwelwyr a darpar gleientiaid i ffwrdd. Aeth llawer o weithwyr y Crochendy'n sâl a bu'n rhaid i o leiaf un, sef Thomas Green, ymddiswyddo.[32] Roedd Dillwyn yn amau difrod bwriadol ('Soap works began on 12th March: Stench began 13th March', ysgrifennodd) a chymerodd gamau cyfreithiol oherwydd y difrod i'w fusnes, gan orfodi Haynes i roi'r gorau i'w fenter newydd.

Cafodd Crochendy Morgannwg ei sefydlu a'i ariannu gan Haynes i gystadlu'n uniongyrchol â Chrochendy'r Cambrian ac roedd wedi dechrau masnachu erbyn 1813. Adeiladwyd y busnes newydd sbon hwn y drws nesaf i'w gystadleuydd, gyda mynediad llawn cystal i'r gamlas. Fe'i rheolwyd gan fab-yng-nghyfraith Haynes, sef William Baker, a oedd wedi gweithio yng Nghrochendy'r Cambrian, ac ef oedd yr unig bartner arall ag unrhyw brofiad yn y fasnach. Baker oedd â'r gyfran fwyaf yn y cwmni, gyda'r gweddill wedi'u rhannu rhwng y partneriaid William Bevan yr hynaf, William Bevan yr ieuaf, Robert Bevan, Martin Bevan a Thomas Irwin.

---

[32] Llyfrgell Genedlaethol Cymru, Penlle'r-gaer, D61

Yn ystod blynyddoedd cynnar Crochendy Morgannwg gwelwyd cynnydd dramatig yn y swm o grochenwaith a gâi ei gludo allan o Abertawe - gyda 140,280 o ddarnau ym 1819 o'i gymharu â 50,993 ym 1812.[33] Mae'n amlwg bod galw mawr a chynyddol am gerameg yn ystod y cyfnod hwn ac mae'n debyg bod y Crochendy yn gwneud busnes da. Cynhyrchodd amrywiaeth eang o briddwaith o safon i'r cartref gan gynnwys jygiau, llestri te, llestri cinio, setiau ymolchi a nwyddau addurniadol fel platiau llong. Efallai mai jygiau wedi'u mowldio mewn meintiau amrywiol oedd cynnyrch mwyaf cyffredin y crochendy. Roedd llestri Morgannwg wedi'u haddurno'n bennaf gydag amrywiaeth eang o batrymau print troslun, gan amlaf mewn glas ond cafwyd hefyd rai du, gwyrdd, pinc, porffor a brown. Er bod rhywfaint o gyfnewid â Chrochendy'r Cambrian, roedd llawer o ddyluniadau a siapiau addurniadol Crochendy Morgannwg yn unigryw i'r ffatri. Mae enghreifftiau o addurniadau wedi'u paentio â llaw yn gymharol brin, ond maent yn cynnwys rhai jygiau, platiau ag ymylon plethedig a thyllog, ac eraill gydag addurnwaith troslun 'wedi'i lenwi'.

Pan fu farw William Baker ym 1819, collodd y Crochendy ei uwch-bartner a'r prif gyfranddaliwr. Trosglwyddwyd y cyfrifoldeb am reoli'r Crochendy i'r teulu Bevan er bod gwraig William Baker, Hannah, yn dal cyfranddaliadau yn y cwmni. Ail ergyd ddifrifol oedd methiant busnes y teulu Bevan, sef y Landore Iron Company yn Nhreforys, ym 1829. Gorfodwyd tri aelod o'r teulu i fynd yn fethdalwyr, gan olygu bod yn rhaid gwerthu eu cyfranddaliadau yn stoc ac adeiladau Crochendy Morgannwg i dalu credydwyr, er iddynt barhau yn eiddo i'r teulu Bevan yn y pen draw.[34] Byddai marwolaeth George Haynes ym 1830 a Hannah Baker ym 1835 wedi bod yn gryn ergyd i'r partneriaid a oedd yn weddill wrth i'r busnes barhau i fethu. Ym 1832, ystyriodd William Weston Young gymryd y brydles ar gyfer y Crochendy er mwyn parhau â'i arbrofion gyda phorslen, ond ni ddigwyddodd hynny yn y pen draw.

Cyfarfu Lewis Weston Dillwyn a Lewis Llewelyn Dillwyn â Martin Bevan ym mis Tachwedd 1837 i drafod cynnig i brynu Crochendy Morgannwg.[35] Cytunwyd ar y gwerthiant ym mis Gorffennaf 1838 a chaewyd y busnes gan Lewis, gan roi diwedd parhaol ar gystadleuydd agosaf Crochendy'r Cambrian. Hysbysebwyd arwerthiannau o weddill y stoc yn *The Bristol Mercury* ym mis Mai a mis Medi y flwyddyn ganlynol, wedi'u hanelu at deuluoedd a gwerthwyr crochenwaith, a chynhaliwyd arwerthiannau pellach yn benodol ar gyfer masnachwyr.

---

[33] Hallesy (1995), t. 8

[34] Hallesy, (1995), tt. 9-10

[35] Cofnod o ddyddiadur Lewis Weston Dillwyn, 18 Tachwedd 1837

Jwg, 1829
Baker, Bevans & Irwin, Crochendy Morgannwg, Abertawe
Paentiwyd gan William Pollard
Perlwaith enamlog
Uchder 18.5 cm
Heb ei farcio
Prynwyd, 1905
NMW A 31890

Mae'r jwg ar ffurf safonol, y cyfeirir ato'n aml fel 'siâp Morgannwg', ac roedd jygiau o'r fath yn cael eu cynhyrchu ar raddfa fawr yng Nghrochendy Morgannwg ac yn Llanelli hefyd yn y 1840au. Mae'r enghraifft hon yn anarferol iawn gan ei bod wedi'i phaentio â sbrigynnau o flodau gwyllt a blodau gardd, yn hytrach na phrintiau troslun, fel oedd yn fwyaf cyffredin. Priodolwyd y gwaith addurno i William Pollard (1803-1854), sy'n fwyaf adnabyddus am ei waith ar borslen Abertawe lle bu'n arbenigo mewn paentio blodau.

Mae'n debygol i'r darn gael ei addurno gan Pollard yn ei weithdy ar Stryd y Brenin, Caerfyrddin, lle'r oedd wedi sefydlu busnes fel 'China Manufacturer, and Dealer in Glass and Earthenware'. Mae'r monogram *J W / 1829* ar y jwg mewn sgript oreurog.

Plât, 1813-1830

Baker, Bevans & Irwin, Crochendy Morgannwg, Abertawe

Priddwaith print troslun enamlog

Diamedr 11.3 cm

Marc: BAKER BEVANS & IRWIN / SWANSEA o gwmpas plu Tywysog Cymru (yn argraffedig)

Cymynrodd Ernest Morton Nance, 1952

NMW A 31873

Plât, 1813-1830

Baker, Bevans & Irwin, Crochendy Morgannwg, Abertawe

Priddwaith print troslun enamlog

Diamedr 12.7 cm

Marc: BAKER BEVANS & IRWIN / SWANSEA / 4 (yn argraffedig)

Cymynrodd Ernest Morton Nance, 1952

NMW A 31867

Mae'n debyg mai dau blât addurnol a gynlluniwyd ar gyfer plant yw'r rhain. Mae hynny'n go eironig o ystyried bod llafur plant yn rhemp o fewn y diwydiant crochenwaith, gan gynnwys crochendai de Cymru, yn y cyfnod hwnnw.

Mae printiau troslun ar y platiau ac maent wedi'u trosbaentio'n fras, neu wedi'u 'llenwi', gydag enamel amryliw. Er eu bod yn rhad iawn i'w cynhyrchu, serch hynny maent yn llwyddo i ddathlu plentyndod mewn modd hyfryd. Mae'r plât cyntaf wedi'i addurno â basged o ffrwythau gydag aderyn yn sefyll ar ei phen, ac mae'r ymyl wedi'i fowldio yn llawn blodau, llwynogod, cathod a chŵn. Mae'r ail yn darlunio *'Infancy, Youth, Manhood and Old Age'* trwy ddangos sawl cenhedlaeth o deulu yn cwrdd. Mae'r ymyl wedi'i fowldio â gwyddfid a rhosod.

Jwg, 1832
Baker, Bevans & Irwin, Crochendy Morgannwg, Abertawe
Priddwaith print troslun
Uchder 15.7 cm
Marc: *8* (yn argraffedig)
Cymynrodd Ernest Morton Nance, 1952
NMW A 31857

Jwg, 1832
Baker, Bevans & Irwin, Crochendy Morgannwg, Abertawe
Priddwaith print troslun
Uchder 15.6 cm
Marc: *Opaque / China / BB&I* (print troslun)
Cymynrodd Ernest Morton Nance, 1952
NMW A 31858

Mae'r jygiau hyn yn coffáu pasio'r Ddeddf Ddiwygio – y 'Great Reform Bill' – gan lywodraeth Chwigaidd yr Arglwydd Grey ym mis Mehefin 1832. Roedd y Ddeddf yn ailddyrannu seddi yn Nhŷ'r Cyffredin ac yn rhoi pleidlais i fwy o bobl, gan 'adfer purdeb y cyfansoddiad'. Mae'n debyg mai dyma'r digwyddiad gwleidyddol a goffeir amlaf ar gerameg Prydain ar ddechrau'r bedwaredd ganrif ar bymtheg.

Mae'r jwg wedi'i mowldio yn cynnwys portreadau print troslun o'r Arglwydd Brougham a'r Arglwydd John Russell, dau a oedd â chysylltiad agos â'r achos diwygio. Roedd jygiau mwy yn cynnwys portreadau o'r Arglwydd Althorp a'r Arglwydd Grey hefyd. Mae'r ddwy jwg hyn yn cynnwys printiau o ddwy law'n gafael yn ei gilydd o fewn torch o flodau, a cheir print tebyg o gwmpas y gyddfau.

Crochendy Morgannwg 1813–1838

Plât cig, tua 1820-1838

Baker, Bevans & Irwin, Crochendy Morgannwg, Abertawe

Priddwaith print troslun

Hyd 37.7 cm

Marc: *BAKER BEVANS & IRWIN* (yn argraffedig)

Cymynrodd Ernest Morton Nance, 1952

NMW A 31888

Mae gan y plât cig mawr hwn brint troslun o batrwm 'Menywod Llangollen', a ddefnyddiwyd yng Nghrochendai'r Cambrian a Morgannwg. Y gred yw ei fod yn portreadu'r Fonesig Eleanor Butler (1739-1829) a Miss Sarah Ponsonby (1755-1831) yn marchogaeth yng nghefn gwlad. Cyfarfu'r ddwy ym 1768 a syrthio mewn cariad. Brwydrodd Sarah ac Eleanor i gael bod gyda'i gilydd ac, yn dilyn ymgais aflwyddiannus i ddianc, gadawodd y ddwy Iwerddon gyda chaniatâd eu teuluoedd.

Ym 1778, ymgartrefodd y ddwy ym Mhlas Newydd, Llangollen. Roeddent yn eithriadol o adnabyddus yn ystod eu hoes ac roedd llawer o unigolion nodedig naill ai'n ymweld neu'n gohebu â nhw, gan gynnwys William Wordsworth, Percy Shelley, Richard Brinsley Sheridan, Josiah Wedgwood, Anna Seward, Anne Lister ac Arthur Wellesley (a ddaeth yn Ddug Wellington maes o law).[36] Mae pâr o gwpanau siocled porslen a oedd unwaith yn eiddo i Sarah ac Eleanor yng nghasgliad yr Amgueddfa Brydeinig.[37]

---

[36] Elizabeth Mavor, 'Butler, Lady (Charlotte) Eleanor (1739-1829)', *Oxford Dictionary of National Biography*, (cyrchwyd 18 Rhagfyr 2020)

[37] Ar un o'r cwpanau ceir y monogram goreurog 'SP', gydag 'EB' ar y llall. Maent yn enamlog gyda golygfeydd o Blas Newydd ac arfbeisiau teuluoedd Butler a Ponsonby (rhif derbyn 1887, 0307,VIII.34)

Jwg a basn, tua 1830-1838
Baker, Bevans & Irwin, Crochendy Morgannwg, Abertawe
Priddwaith print troslun
Jwg: uchder 25.4 cm
Dysgl: diamedr 34.2 cm
Marc: *Opaque / China / BB&I* (print troslun)
Cymynrodd Ernest Morton Nance, 1952
NMW A 31901 a 31902

Set ymolchi yw'r jwg a'r basn hyn, i'w defnyddio yn yr ystafell wely. Jygiau wedi'u mowldio mewn amrywiaeth eang o feintiau oedd cynnyrch mwyaf cyffredin Crochendy Morgannwg. Patrwm 'gwrthrigol' sydd wedi'i fowldio o amgylch ymyl y bowlen a'r jwg ac mae wedi'i gymryd yn uniongyrchol o wrthrychau tebyg mewn plât arian ac arian. Mae print troslun ar y ddau wrthrych o batrwm 'Tŵr' – tirwedd Eidalaidd rhamantaidd – gydag ail batrwm cymhleth o flodau a sgroliau cartouche rococo o gwmpas yr ymyl.

Print troslun a ddefnyddiwyd ar y rhan fwyaf o nwyddau'r ffatri yn y 1820au a'r 1830au, ac mae'n debyg i dros 70 o batrymau gwahanol gael eu defnyddio.

Powlen gawl, caead a stand, tua 1830-1838

Baker, Bevans & Irwin, Crochendy Morgannwg, Abertawe

Priddwaith print troslun

Dysgl: hyd 19.1 cm

Marc: *Opaque / China / BB&I* (print troslun)

Wedi'u caffael drwy gyfnewid â Shapland Dobbs, 1916

NMW A 31911

Mae'r bowlen gawl hon yn anarferol iawn gan ei bod wedi'i addurno o briddwaith llwydfelyn, a elwir hefyd yn 'drab ware'. Mae'r stand wedi'i addurno â phrint gardd chinoiserie sy'n cynnwys dau ffigwr, un yn dal parasol a'r llall yn dal llusern, gyda dau arall yn sefyll mewn pagoda arddulliadol. Ar y tu mewn ac ar gaead y bowlen mae print ffiguraidd, sy'n dangos menyw gyda phlentyn bach yn marchogaeth ci.

8 | Crochendy De Cymru 1840-1922

Gwelodd tref Llanelli dwf diwydiannol sylweddol yn ystod blynyddoedd canol y bedwaredd ganrif ar bymtheg. Yn ogystal â nifer o byllau glo, cafodd gweithfeydd i buro a phrosesu copr, tun a phlwm eu sefydlu, gyda'r cynnyrch yn cael ei allforio o borthladd y dref. Ym 1840, agorodd William Chambers yr ieuaf, dyn busnes ac ynad lleol, grochendy newydd – Crochendy De Cymru neu Grochendy Llanelli – gan ychwanegu masnach arall i economi lewyrchus Llanelli.

Roedd cau Crochendy Morgannwg ym 1838 yn golygu bod y fenter newydd wedi gallu manteisio ar griw sylweddol o grochenwyr profiadol oedd yn chwilio am waith. Roedd rheolwr cyntaf Crochendy De Cymru, William Bryant, wedi gweithio cyn hynny yng Nghrochendai'r Cambrian a Morgannwg. Erbyn 1841, roedd Chambers wedi adeiladu dros hanner cant o dai ar hyd dwy stryd yn agos i'r busnes – Pottery Row a Pottery Place – ac aeth llawer o'i weithwyr i fyw yn y terasau hyn.

Erbyn 1851, roedd Crochendy De Cymru yn cyflogi dros 120 o bobl. Yn eu plith roedd crochenwyr a oedd yn wreiddiol o Abertawe ac eraill o Swydd Stafford; rhai o bosibl wedi gweithio'n gyntaf yng Nghrochendy Morgannwg, ond gwyddom fod eraill wedi dod yn uniongyrchol i Lanelli i chwilio am waith.[38] Yn nodweddiadol, roedd cyfran o'r gweithwyr yn fenywod a phlant. Mae cyfrifiad 1851, er enghraifft, yn rhestru Jane Thomas, naw oed, fel 'Painter in Pottery' a Joseph Henshall, saith oed, fel 'Employed in the Pottery'. Ar 27 Gorffennaf 1894, roedd y *Western Mail* yn adrodd bod y rheolwyr wedi ceisio gwella'r amodau trwy fyrhau diwrnod gwaith oedolion a phlant o'r ddau ryw i uchafswm o wyth awr, neu bedwar deg wyth awr yr wythnos. Fodd bynnag, mae'n ymddangos bod y gweithwyr yn honni nad oedd diwrnod wyth awr yn ddigon i gwblhau 'a fair day's work', a'u bod yn well o dan yr hen drefn, ac yn ôl i'r drefn honno yr aethant.

Yn dilyn marwolaeth ei dad ym 1855, gosododd Chambers y crochendy ar brydles i Charles William Coombs a William Thomas Holland am gyfnod byr, ond aethant i drafferthion ariannol. Wedi ail-gytuno ar delerau'r brydles, aeth Holland ymlaen â'r gwaith ei hunan, cyn i David Guest ymuno ag ef ym 1868. Er mai cyflenwi'r farchnad leol oedd y crochendy'n bennaf, daeth masnach dramor yn gynyddol bwysig, a chyn y Rhyfel Byd Cyntaf roedd nwyddau'n cael eu hallforio i India'r Dwyrain, Gogledd a De America a chyfandir Ewrop.[39] Roedd gan y Crochendy stondin yn Arddangosfa Ryngwladol Llundain ym 1862, sy'n awgrymu bod ansawdd ei grochenwaith harddaf yn cael ei gydnabod o fewn y fasnach.

---

[38] Gareth Hughes a Robert Pugh, *Llanelly Pottery* (1990), t. 31

[39] Dilys Jenkins, *Llanelly Pottery* (1968), t. 35; Llewellynn Jewitt, *The Ceramic Art of Great Britain*, (1878), t. 573

Priddwaith traddodiadol ar gyfer y cartref oedd cynnyrch Crochendy De Cymru yn bennaf – setiau ymolchi a llestri cinio gafodd eu galw 'cystal o ran safon â chynnyrch Swydd Stafford'[40] – ynghyd â rhai darnau addurniadol. Print troslun oedd yr addurn gan amlaf, er bod patrymau wedi'u paentio â llaw a phatrymau wedi'u llenwi i mewn yn cael eu cynhyrchu hefyd. Cafodd y busnes afael ar nifer o blatiau printio copr o Grochendy'r Cambrian wedi iddo gau ym 1870, yn ogystal â rhai o fusnesau llai a aeth i'r wal fel Crochendy Ynysmeudwy ym Mhontardawe. Cafodd nifer o siapiau adnabyddus Crochendai Cambrian a Morgannwg eu copïo hefyd. Gwnaed arbrofion i greu corff lliw, gan gynnwys gwahanol arlliwiau o las a llwydfelyn, er mai ychydig o'r rhain gafodd eu gwneud mae'n debyg. Bu'r ffatri hefyd yn cynhyrchu lithoffanau am gyfnod byr, ac mae bron yn bendant mai dyma oedd unig ymgais y cwmni i greu porslen.

Arweiniodd rhagor o broblemau ariannol at gau'r Crochendy ym 1875, ac ym 1877 cafodd ei ail-agor gan David Guest a Richard Dewsberry. Dyluniadau dechrau'r ugeinfed ganrif yn sicr yw'r rhai mwyaf blaengar a gynhyrchwyd yn y Crochendy, yn arbennig felly y darnau trawiadol sydd wedi'u paentio â llaw. Yn eu mysg mae gwrthrychau gyda rhosod a ffrwythau y gellid eu cymharu o ran arddull â chynnyrch Crochendy Pountney ym Mryste a Chrochendy Wemyss yn Fife. Mae'r 'platiau ceiliog' wedyn – gaiff eu priodoli i Sarah Jane Roberts neu 'Aunt Sal' (1859-1935) – wedi dod yn symbol o Grochendy De Cymru. Er gwaethaf y cyfnod hwn o arloesi, roedd y busnes yn dal i edwino'n raddol, a ffurfiwyd cwmni cyfyngedig gan y teulu Guest ym 1912. Taniwyd am y tro olaf ym 1922, a chaeodd Crochendy Llanelli ei ddrysau yn derfynol ym 1923.

---

[40] Jelinger Symons, *The Industrial Capacities of South Wales,* (1855), t. 28

Penddelw, tua 1840-1855
Priddwaith enamlog
Uchder 27.1 cm
Marc: *W.CHAMBERS.JUNIOR/SOUTH WALES/ POTTERY* (yn argraffedig)
Cymynrodd Ernest Morton Nance, 1952
NMW A 32012

Mae hwn yn un o ddau benddelw o John Wesley (1703-1791) y gwyddom iddynt gael eu gwneud yng Nghrochendy De Cymru; mae'r llall yng nghasgliad Amgueddfa Parc Howard, Llanelli. Mae wedi'i seilio ar waith Enoch Wood, a wnaeth benddelw o Wesley mewn eisteddiad ym 1781. Wedi hynny cafodd ei gynhyrchu yn ei grochendy yn Burslem, Swydd Stafford a'i gopïo'n helaeth gan gynhyrchwyr eraill.

Clerigwr yn Eglwys Loegr oedd Wesley, ac ef oedd sylfaenydd Methodistiaeth. Mae'n hysbys iddo ymweld â Llanelli ar sawl achlysur. Dywedir i Fethodistiaeth gael ei chyflwyno gyntaf i Lanelli gan Wilfred Colley, bwtler Syr Thomas Stepney, Plas Llanelli, a ddaeth yn ffigwr dylanwadol yn nhwf Methodistiaeth yn y dref.

Lithoffan, tua 1850-1855
Porslen
Uchder 16.5 cm
Marc: *SOUTH WALES POTTERY*
(yn argraffedig)
Prynwyd, 2008
NMW A 39081

Placiau addurniadol wedi'u mowldio mewn porslen yw lithoffanau sydd, o'u gosod o flaen golau, yn datguddio delwedd gudd. Mae'r enghraifft hon yn portreadu dynes ifanc yn estyn trwy ffens i bigo swp o rawnwin. Credir mai ychydig iawn o lithoffanau a gafodd eu gwneud yn Llanelli, ac mae darnau wedi'u marcio yn brin dros ben. Daeth yr enghreifftiau cyntaf i olau dydd ym 1921, ym mherchnogaeth gŵr a oedd gynt yn fforman y crochendy. Derbyniodd Amgueddfa Cymru bedwar ohonynt y flwyddyn honno, er y credir bellach mai dim ond dau a gafodd eu gwneud yng Nghrochendy De Cymru. Ym 1855, disgrifiodd y bargyfreithiwr Jelinger Symons yr hynodbethau hyn fel 'transparent tableaux of imitation Parisan ware … beautifully executed at trifling cost.'[41]

[41] Jelinger Symons, *The Industrial Capacities of South Wales*, (1855), t. 28

Dysgl gig, tua 1840-1855
Priddwaith gyda phrint troslun
Hyd 50.5 cm
Marc: *DAMASK BORDER/SOUTH/WALES POTTERY* (print troslun)
Cymynrodd Ernest Morton Nance, 1952
NMW A 31976

Stand gaws, tua 1840-1855
Priddwaith gyda phrint troslun
Diamedr 31.3 cm
Marc: *DAMASK BORDER/SOUTH/WALES POTTERY* (print troslun)
Cymynrodd Ernest Morton Nance, 1952
NMW A 31974

Dysgl saws a stand, tua 1840-1855
Priddwaith gyda phrint troslun
Hyd 23 cm
Marc: *DAMASK/BORDER/SOUTH/WALES POTTERY* (print troslun)
Cymynrodd Ernest Morton Nance, 1952
NMW A 31975

Mae'r patrwm 'Damask Border', sydd yn unigryw i Grochendy De Cymru, yn brint troslun ar y tri llestr hyn. Roedd yn cael ei ddefnyddio ar gyfer crochenwaith bwrdd a chrochenwaith ymolchi. Mae'r ymyl yn efelychiad clyfar o ddamasg neu sidan symudliw, gyda golygfa gefn gwlad Eidalaidd ffasiynol yn ei ganol. Mae ansawdd y printio ar y ddysgl gig yn arbennig o gain. Mae'r ymyl rococo sgroliog yn taflu cysgod ar ymyl y damasg ac yn rhoi iddo ymdeimlad hyfryd o ddyfnder. Mae'r amrediad o arlliwiau sy'n cael eu dal yn y print hefyd yn hynod soffistigedig – o'r awgrym cynnil o gymylau i arlliwiau amrywiol, pelydrol y sidan.

Fâs, tua 1840-1860
Priddwaith gyda phrint troslun
Uchder 32.1 cm
Marc: *PANORAMA / SOUTH / WALES POTTERY* (print troslun)
Cymynrodd Ernest Morton Nance, 1952
NMW A 31995

Mae'r fâs hon wedi'i haddurno â'r patrwm 'Panorama', a geir fel print troslun mewn glas, gwyrdd, brown a du. Er y credir ei fod yn unigryw i Grochendy De Cymru, mae'n nodweddiadol o lawer o batrymau a gynhyrchwyd gan grochendai'r oes ym Mhrydain, yn portreadu golygfeydd gwledig o Ewrop a thu hwnt. Mae'r ffurf addurnol yn adlewyrchu'r diddordeb newydd mewn dylunio rococo yn ystod blynyddoedd canol y bedwaredd ganrif ar bymtheg. Mae'r gwddf ymledol yn ein hatgoffa o ffurf y fâs *à oreilles*, a gyflwynwyd yn Sèvres ym 1754 ac a gopïwyd gan Minton yn Swydd Stafford o'r 1840au ymlaen.

Tebot, 1840-1850
Crochenwaith caled
Hyd 21.7 cm
Marc: *SOUTH WALES/POTTERY* a *PRINCE ALBERT* (y ddau yn argraffedig)
Rhoddwyd gan Shapland Dobbs, 1920
NMW A 31972

Cafodd rhai llestri cerameg lliw arbrofol eu cynhyrchu gan Grochendy De Cymru yn ystod blynyddoedd canol y bedwaredd ganrif ar bymtheg, yn eu plith y tebot glas golau trawiadol hwn. Mae'n cyfuno siâp crwn isel a phig pen-aderyn hynod, a oedd yn ffasiynol ar ddiwedd y 1830au, gyda chorff wedi'i fowldio'n gymhleth sy'n ein hatgoffa o jygiau crochenwaith caled y dydd. Mae'r marc 'Prince Albert' yn awgrymu y gallai fod yn dyddio o gwmpas adeg priodas y Frenhines Fictoria ym 1840.

Mae canlyniadau cyfrifiad Llanelli ym 1841 yn rhoi gwybodaeth am rai o'r unigolion a oedd yn arbenigo mewn gwneud crochenwaith wedi'i fowldio yn y ffatri. Yn eu plith roedd David Augustus (16 oed), Henry Foster (27), y brodyr Daniel a John Davies (21 a 19) a Joseph Phelps (21). Maent yn cael eu disgrifio naill ai fel 'moulder', 'potter presser' neu 'potter squeezer', sy'n dangos eu bod yn gwneud darnau gan fowldio drwy wasgu. Roedd John Rees (30 oed) yn gweithio fel 'slipmaker' a byddai wedi paratoi'r slip hylifol ar gyfer gwneud slipwaith.

Powlen, tua 1912

Priddwaith wedi'i enamlo

Diamedr 25.5 cm

Marc: *Llanelly* (wedi'i baentio â llaw mewn du)

Rhoddwyd gan Martin Phillips, 1937

NMW A 32044

Plât, tua 1910

Priddwaith wedi'i enamlo

Diamedr 24.7 cm

Marc: *Llanelly* (wedi'i stensilio mewn gwyrdd)

Rhoddwyd gan Martin Phillips, 1938

NMW A 32046

Mae'r ddau lestr hyn yn enghreifftiau o'r crochenwaith llawn cymeriad, wedi'i baentio â llaw, a oedd yn cael ei gynhyrchu yn Llanelli ddechrau'r ugeinfed ganrif. Mae blodau a ffrwythau yn destunau cyffredin, ond mae gwaith ffigurol yn llawer mwy prin. Mae'r plât yn un o nifer o enghreifftiau a gynhyrchwyd yn y crochendy sy'n dwyn delwedd o Mari Jones, un o arwresau gwerin Cymru. Ym 1800, a hithau'n bymtheg oed, cerddodd Mari Jones dros 25 milltir yn droednoeth o Lanfihangel-y-Pennant i'r Bala i brynu copi o'r Beibl gan y Parchedig Thomas Charles. Yn ôl un fersiwn o'r stori, nid oedd gan Thomas Charles Feiblau ar ôl i'w gwerthu, ond ar ôl iddo glywed am ei thaith talodd iddi gael aros yn y dref tan i gyflenwad newydd gyrraedd deuddydd yn ddiweddarach. Mae un o'r Beiblau a brynwyd gan Mari Jones yn Llyfrgell Genedlaethol Cymru, Aberystwyth.

Jar fisgedi, 1912
Wedi'i phaentio yn ôl pob tebyg gan Samuel Shufflebotham

Priddwaith wedi'i sbwngio a'i enamlo

Uchder 16.3 cm

Marc: *Llanelly / Pottery* (wedi'i stensilio mewn du)

Prynwyd, 1987

NMW A 32029

Cafodd y jar fisgedi hon ei rhoi yn anrheg i 'Mr & Mrs David' ar achlysur eu priodas. Mae'n debyg mai'r derbynwyr oedd Frederick Charles David a Janet Evans, a briodwyd ym Meidrim, Caerfyrddin ar 24 Chwefror 1912 (er mai'r 25ain yw'r dyddiad ar y jar). Credir i'r anrheg gael ei rhoi i'r cwpwl gan chwaer-yng-nghyfraith Frederick, a oedd â pherthynas yn gweithio fel paciwr yn y ffatri. Ganwyd Samuel Shufflebotham (1876-1939) yn Swydd Stafford, a bu hefyd yn gweithio yng nghrochendy Pountney ym Mryste.

Set lestri te cabaret, tua 1910
Priddwaith wedi'i enamlo
Hambwrdd: hyd 31.3 cm
Marc: *LLANELLY / POTTERY*
(wedi'i stensilio mewn du)
Rhoddwyd gan Martin Phillips, 1937
NMW A 32047-32051

Cafodd y set lestri te cabaret hon, sydd wedi'i phaentio â rhosod gwyllt, ei chynllunio ar gyfer gwneud te i un person. Mae'r jwg a'r bowlen yn eithriadol o brin, am mai dim ond fel rhan o set cabaret y cawsant eu gwneud. Mae gwaith addurno o'r arddull a'r ansawdd arbennig hwn gan amlaf yn cael ei briodoli i Samuel Shufflebotham, paentiwr arbenigol yn Llanelli. Mae'r rhosod wedi'u paentio mewn dull tebyg iawn i enghreifftiau a gynhyrchwyd yn ffatri Wemyss yn yr Alban. Cyn gweithio yng Nghrochendy De Cymru, roedd Shufflebotham yn gweithio yn ffatri Pountney ym Mryste. Un o'i gydweithwyr yno oedd George Stewart, a oedd cyn hynny wedi gweithio i Wemyss ac mae'n debygol ei fod wedi dylanwadu ar Shufflebotham.

Presented to Mr & Mrs David
on their marriage
Feby 25 1912
by Mrs R.P. David.

9 | Unigolion blaenllaw

George Haynes (1745-1830)

Ganwyd George Haynes[42] yn Kingston-upon-Thames ger Llundain. Aeth i America ym 1765, ac erbyn 1780 roedd wedi hen ymsefydlu yn Philadelphia. Roedd ganddo fusnes cludo nwyddau, ac roedd yn masnachu gydag Iwerddon, Sbaen a'r Caribî. Ym 1782 ef oedd un o gyfarwyddwyr cyntaf Banc Gogledd America. Daeth yn ôl i Brydain ym 1785, ac erbyn 1789 roedd wedi cyrraedd Abertawe, a daeth yn bartner i John Coles yng Nghrochendy Abertawe.

Bwriad Haynes oedd ymddeol a dod o hyd i 'rywbeth bach i'w gadw'n brysur', ond buan y sylweddolodd fod Crochendy Abertawe yn llawer mwy o waith na hynny. Ef, yn bennaf os nad yn gyfan gwbl, oedd yn gyfrifol am drefnu'r Crochendy ar gynllun Josiah Wedgwood, gan gyflwyno egwyddorion rheoli newydd a chynnyrch mwy amrywiol ac o well ansawdd. Bu hyn, ynghyd â'i ffocws ar y farchnad Americanaidd, yn help i'r Crochendy ddod yn un o efelychwyr mwyaf llwyddiannus Wedgwood.

Ym 1802, cytunodd Haynes i aros ymlaen fel partner-reolwr am saith mlynedd, gan sicrhau parhad pan aeth prydlesi'r Crochendy i ddwylo William Dillwyn. Yn ddi-os, chwaraeodd Haynes ran bwysig yn y dasg o gynghori a chyfarwyddo ei bartner iau, Lewis Weston Dillwyn. Roedd hwnnw'n canolbwyntio mwy ar ei ddiddordebau gwyddonol, ac ysbeidiol yn unig oedd ei gysylltiad uniongyrchol â busnes y Crochendy.

Roedd Haynes yn ffigwr o bwys yng nghylchoedd cymdeithasol a busnes Abertawe. Ym 1804 sefydlodd bapur newydd cyntaf Cymru, *The Cambrian*. Ef oedd perchennog y Cambrian Porter Brewery ac roedd ganddo bartneriaethau bancio yn Abertawe, Llanelli a Chastell-nedd. Roedd yn weithgar mewn materion bwrdeistrefol, yn cefnogi Camlas a Phorthladd Abertawe, Llyfrgell Morgannwg a gwelliannau i addysg, palmentydd, goleuo a gwasanaethau post.

Nododd William Dillwyn y gallai Haynes fod yn 'rather petulant and vindictive', ac yn wir torrodd y berthynas rhwng Haynes â Lewis Weston Dillwyn i lawr a gadawodd Haynes y Crochendy ym mis Mawrth 1810. Yn bryfoclyd, sefydlodd Waith Sebon De Cymru drws nesaf i'r Crochendy, a bu'r drewdod erchyll yn achos i Dillwyn fynd ag ef i gyfraith i'w gau ym 1810. Ym 1813 wedyn, sefydlodd Haynes grochendy cystadleuol, Crochendy Morgannwg. Aeth Haynes yn fethdalwr ym 1826, pan aeth busnes bancio Haynes & Co i'r wal.

---

[42] Jonathan Gray, 'An American and an American Trader in Wales: Fresh Insights into the Cambrian Pottery, 1789-1810', *American Ceramic Circle Journal*, cyfrol XIV (2007)

Chwith: Lewis Weston Dillwyn (gweler t. 136).

De: Cerdyn masnachu Haynes, Dillwyn & Co., arysgrifedig 1806 © Ymddiriedolwyr yr Amgueddfa Brydeinig.

Lewis Weston Dillwyn (1778-1855)

Daeth Lewis Weston Dillwyn[43] i Abertawe ym 1802, pan ddaeth cyfran fwyafrifol o Grochendy'r Cambrian i feddiant ei dad, William Dillwyn (1743-1823). Cafodd William Dillwyn ei eni yn Sir Chester, Pennsylvania, ond ym 1777 ymgartrefodd yn Llundain, lle'r oedd yn ddilledydd. Ym 1802, cytunodd i brynu rhan o gyfran George Haynes yng Nghrochendy'r Cambrian. Bu Haynes (a oedd yn Grynwr fel William Dillwyn) yn helpu Lewis Weston Dillwyn i reoli'r cwmni, er mai arian William a dalodd am ehangu'r busnes a chodi ffatri newydd.

Roedd gan Lewis Weston Dillwyn ddiddordeb yn y gwyddorau naturiol, botaneg yn arbennig, a threuliai lawer o'i amser yn Llundain. Mae'n bosibl mai ef oedd y tu ôl i safle mân-werthu byrhoedlog y cwmni yn Llundain, y Cambrian Warehouse. Ym 1807 priododd â Mary Adams, merch (ac yn ddiweddarach aeres) John Llewelyn o Benlle'r-gaer, cymydog a thirfeddiannwr.

Ym 1808 ymgartrefodd y ddau mewn tŷ ar Stryd Fawr Abertawe, cyn symud i'r Willows ym Mount Pleasant, a fu'n gartref iddynt tan 1818.

Ym 1810 bu ffrae rhwng Dillwyn a Haynes, a phenderfynodd Dillwyn y dylai ei reolwyr Timothy a John Bevington fod yn llwyr gyfrifol am reoli ac arwain y busnes, o dan ei oruchwyliaeth achlysurol ef. Serch hynny, o 1814 ymlaen, Dillwyn oedd yn bersonol gyfrifol am y gwaith cynhyrchu porslen yn Abertawe. Recriwtiodd William Billingsley a Samuel Walker a gweithiodd ar ddatblygu corff porslen newydd. Ym 1817 bu farw ei dad-yng-nghyfraith, John Llewelyn, gan adael Dillwyn i reoli ystadau Penlle'r-gaer. Yn anfoddog, gosododd Grochendy'r Cambrian a'r Gwaith Tsieni ar brydles i bartneriaeth newydd, dan arweiniad Timothy a John Bevington.

Ym 1824, ailgydiodd Dillwyn yn rheolaeth y Crochendy. Buddsoddodd arian yn y cwmni, ond disgwyliai i'w reolwyr newydd redeg y Crochendy ar ei ran. Ym 1831 rhoddodd ofal y Crochendy mewn enw i'w fab ieuengaf dwy ar bymtheg oed, Lewis Llewelyn, ac ym 1836 trosglwyddodd y busnes iddo. Ym 1832 cafodd ei ethol i'r Senedd ddiwygiedig gyntaf fel un o'r ddau Aelod Seneddol dros Forgannwg, ac yno roedd yn gefnogwr i lywodraeth Chwigaidd yr Arglwydd Grey.

---

[43] Oliver Fairclough, 'Lewis Weston Dillwyn and the Cambrian Pottery' yn Jonathan Gray (gol.), *Welsh Ceramics in Context Part 1* (Abertawe: Sefydliad Brenhinol De Cymru, 2003), tt. 215-228

De: The Willows (y tŷ ar y chwith â'r ffenestr fae amlwg), wedi'i engrafu yn null darlun gan Thomas Baxter ym 1818.

De eithaf: *Penllergaer House*, F. H. Dillwyn, gouache ar bapur ar gerdyn, tua 1834.

Thomas Pardoe (1770-1823)

Ganwyd Thomas Pardoe[44] yn Derby, ac aeth yn brentis i ffatri borslen Derby pan oedd tua phymtheg oed. Pan oedd yn ugain oed, roedd yn un o'r crefftwyr medrus a gyflwynwyd gan George Haynes i Grochendy'r Cambrian wrth iddo geisio gwella cynnyrch y Crochendy. Maes o law daeth yn brif baentiwr y Crochendy, ac yn rheolwr gweithredol y gwaith rhwng 1802 a 1804. Ym 1797 priododd â Mary Landeg, merch i fanciwr a pherchennog pwll glo lleol; fodd bynnag, cafodd ei adael yn ŵr gweddw, ac ym 1802 priododd â Sarah Ann Allum.

Mae gwaith Pardoe yng Nghrochendy'r Cambrian yn dangos ei fod yn artist rhyfeddol o amryddawn; mae i'w arddull uniongyrchedd a bywiogrwydd a oedd yn anghyffredin ar y pryd. Mae'n fwyaf enwog am ei addurnwaith botanegol, ond roedd yr un mor gyffyrddus yn darlunio tirluniau a ffigyrau, adar ac anifeiliaid, blodau a ffrwythau, cregyn ac arddulliau Asiaidd.

Ym 1809 gadawodd Pardoe Grochendy'r Cambrian i sefydlu ei fusnes ei hun ym Mryste. Ei gyfeiriad cyntaf oedd 'under the Bank', lleoliad ardderchog yng nghanol dociau Bryste. Erbyn 1812 roedd wedi symud ei gartref a'i siop i 28 Bath Street, un o strydoedd mwyaf llewyrchus y ddinas. Ym Mryste roedd Pardoe yn addurno crochenwaith a phorslen o Coalport a Swydd Stafford, ac yn aml yn arysgrifio'r dyddiad, ei enw ef ac enw'r cwsmer ar y nwyddau. Enillodd gomisiynau nid yn unig ym Mryste a Chaerfaddon ond hefyd gan Gymry, fel Syr Richard Philipps o Gastell Pictwn, Barwn 1af Milffwrd. Ehangodd ei orwelion gan ddechrau paentio ffenestri gwydr ar gyfer eglwysi a thai preifat, a hyfforddi gwragedd bonheddig yn y grefft o baentio tsieni a melfed, a phaentio ag olew.

Ym 1821 dychwelodd Pardoe i Gymru i weithio i'w gyfaill William Weston Young yn Nantgarw, gan addurno'r stoc o borslen a oedd yn weddill yno. Roedd yn paentio'n gyflym, fel y gallai'r nwyddau a addurnai gael eu gwerthu am bris rhesymol mewn ocsiynau wedi'u trefnu gan Young ym 1821 ac 1822. Serch hynny, roedd yn gyfle iddo arddangos ei amrywiaeth eang, ac o dro i dro byddai'n gweithio ar gomisiynau arbennig, fel setiau llestri helaeth i nai Young ac i'r diwydiannwr Wyndham Lewis.

---

[44] Andrew Renton, 'Thomas Pardoe and William Weston Young' yn Jonathan Gray (gol.), *Welsh Ceramics in Context Part I*, (Abertawe: Sefydliad Brenhinol De Cymru, 2003), tt. 2120-146; Andrew Renton, 'Thomas Pardoe in Bristol' yn *English Ceramic Circle Transactions,* 26 (2015), tt. 93-110

De: Hunanbortread gan Thomas Pardoe, olew ar banel, tua 1810-1820.

De eithaf: Ystên hufen iâ Nantgarw gyda chaead, wedi'i haddurno gan Thomas Pardoe, 1818-1823 © Bonhams.

William Weston Young (1776-1847)

Wedi'i eni i deulu o Grynwyr ym Mryste, treuliodd William Weston Young[45] fywyd amrywiol iawn, gyda cherameg yn ddim ond un o'i ddiddordebau niferus. Ym 1797 ymsefydlodd fel melinydd ger Castell-nedd, ond ym 1802 fe'i dyfarnwyd yn fethdalwr. Flwyddyn yn ddiweddarach, cyflogodd Lewis Weston Dillwyn ef fel drafftsmon gwyddonol ar gyfer ei gyhoeddiad *British Confervae*, ac fel paentiwr priddwaith rhan-amser yng Nghrochendy'r Cambrian.

Mae addurnwaith Young ar grochenwaith Abertawe yn gywrain, ac fel petai'n adlewyrchu ei ddiddordebau deallusol ef ei hun yn ogystal â rhai Dillwyn. Ei brif destunau oedd adar, gloÿnnod byw ac anifeiliaid, i gyd yn wyddonol fanwl-gywir; ffigyrau a thirluniau; a beirdd a derwyddon a oedd yn adlewyrchu diddordeb y cyfnod yn nhreftadaeth ddiwylliannol Cymru. Mae'n bosibl mai gan Dillwyn ac eraill yn ei gylch y comisiynwyd llawer o'r gwaith hwn.

Byddai'n aml yn cydweithio gyda Thomas Pardoe, a oedd yn gyfrifol am yr eurwaith a rhywfaint o'r gwaith enamlo.

Ym 1806, gadawodd Young Grochendy'r Cambrian a, gyda chefnogaeth Dillwyn, daeth yn Aelod Cyswllt o'r Linnean Society. Dechreuodd fusnes codi llongddrylliadau, gan ariannu hynny trwy ffermio, melino, chwarelu a gwneud brics, a gweithio fel masnachwr cyffredinol. O 1811 ymlaen, ei brif waith oedd tirfesur, a thrwy hynny datblygodd rwydwaith eang a defnyddiol ymhlith boneddigion a diwydianwyr de-ddwyrain Cymru. Parhaodd ei frwdfrydedd amatur mewn enamlo crochenwaith, a gosododd odyn fwffl at y diben hwn yn ei gartref yn Drenewydd yn Notais ym 1809.

Gellir dadlau i Young wneud mwy nag unrhyw un i gefnogi menter borslen Nantgarw. Ym 1814 ysgrifennodd gais aflwyddiannus am nawdd gan y llywodraeth ar ran Billingsley a Walker, benthycodd o leiaf £600 iddynt, a helpodd hwy i symud dros dro i Abertawe. Pan ddychwelodd Billingsley a Walker i Nantgarw ym 1817, sicrhaodd Young nawdd sylweddol o £2,100 gan ei gysylltiadau busnes a chymdeithasol, gan alluogi i'r gwaith cynhyrchu barhau tan i Billingsley a Walker godi pac yn sydyn ym 1820. Ac yntau'n gorfod ceisio dygymod â'r ymadawiad sydyn, cyflogodd Young Thomas Pardoe i addurno'r stoc a oedd yn weddill i gael eu gwerthu'n lleol, gan roi'r gorau iddi yn y pen draw ym 1822 pan ddyfarnwyd ef yn fethdalwr unwaith eto.

Parhaodd hoffter Young o borslen Nantgarw, a cheisiodd yn ofer yn y 1830au a'r 1840au i ail-greu corff porslen Nantgarw gyda'r bwriad o'i gyflenwi i wneuthurwyr.

---

[45] Andrew Renton, , 'Thomas Pardoe and William Weston Young' yn Jonathan Gray (gol.) *Welsh Ceramics in Context Part I* (Abertawe: Sefydliad Brenhinol De Cymru, 2003), tt. 120-146

De: Mwg perlwaith Crochendy'r Cambrian wedi'i baentio gan William Weston Young gyda cheirw danas, y bwch wedi'i gymryd o *A General History of Quadrupeds* Thomas Bewick, tua 1805.

De eithaf: Plât porslen Abertawe, wedi'i baentio a'i danio yn Drenewydd yn Notais gan William Weston Young gyda *Trientalis europaea* (gwerddig) yn null *English Botany* James Sowerby, tua 1816.

William Billingsley (1758-1828)

Ganwyd William Billingsley[46] yn Derby lle'r oedd ei dad yn baentiwr tsieni, ac yn gweithio yn ffatri borslen William Duesbury fwy na thebyg. Yn un ar bymtheg mlwydd oed aeth Billingsley yn brentis i Duesbury, ac yn fuan iawn ef oedd paentiwr blodau amlycaf Derby, yn arbenigo mewn paentio rhosod. Ei uchelgais oedd gwneud ei borslen ei hun, ac ym 1795 gadawodd am Pinxton, pentref glofaol ddeunaw milltir i'r gogledd o Derby lle y sefydlodd ffatri fechan mewn partneriaeth gyda pherchennog y safle, John Coke.

Diffyg arian oedd problem pob un o fentrau Billingsley, ac nid oedd gan ffatri Pinxton y cyfalaf i gynhyrchu porslen past meddal o ansawdd uchel mewn marchnad oedd yn llawn priddwaith wedi'i fasgynhyrchu. Ym 1799 diddymwyd y bartneriaeth, a dechreuodd Billingsley fusnes addurno tsieni ym Mansfield gerllaw, lle y gweithiai ar borslen diaddurn o Pinxton (ac o Baris rhwng 1801 a 1802). Rhoddodd gynnig arall ar gynhyrchu porslen rhwng 1803 a 1807 yn Brampton, ger Lincoln, ond nid oedd gan y fenter ddigon o gyfalaf a chollodd ef a'i bartneriaid eu harian unwaith eto.

Ac yntau bellach dros ei ben a'i glustiau mewn dyled, newidiodd ei enw i Beeley, ac aeth i Gaerwrangon lle y cyflogwyd ef yn bennaf i arbrofi gyda phorslen. Ymhlith ei gynnyrch roedd porslen ffrit hynod dryleu y barnodd ei gyflogwyr, Barr, Flight and Barr, ei fod yn rhy aneconomaidd i'w gynhyrchu. Ynghyd â'i fab-yng-nghyfraith, Samuel Walker, gadawodd ym 1813 er mwyn cynhyrchu'r porslen hwn ei hun yn Nantgarw. Unwaith eto, roedd yr arian wedi diflannu mewn ychydig fisoedd, a chafodd ei recriwtio gan Dillwyn i weithio yn Abertawe.

Roedd Dillwyn yn datblygu gwahanol fathau o lestri porslen, ac mae'n ymddangos mai fel addurnwr a goruchwyliwr yn bennaf y gweithiai Billingsley tra'r oedd yn Abertawe. Yn ystod gwanwyn 1817 dychwelodd i Nantgarw a, gyda chefnogaeth bellach gan William Weston Young, ailgychwynnodd gynhyrchu yno. Roedd ei grochenwaith diaddurn yn gwerthu'n dda ar farchnad Llundain yn ystod 1818 ac 1819, ond erbyn gwanwyn 1820 roedd ei gyfalaf wedi dod i ben unwaith yn rhagor, a throdd ei gefn ar Nantgarw. Ei gyflogwr olaf oedd John Rose, yn Coalport, lle y bu farw.

---

[46] *Not just a bed of roses: the life & work of the artist, ceramicist and manufacturer William Billingsley (1758-1828)* (Lincoln: Usher Gallery), 1996

De: Powlen, wedi'i gwneud yn ffatri de la Courtille ym Mharis yn ôl pob tebyg a'i haddurno gan Billingsley ym Mansfield. Ei nod yn ystod ei holl ymdrechion i wneud porslen oedd disodli mewnforion o'r math hwn o Ffrainc.

De eithaf: Bwced iâ, porslen Derby, tua 1790, wedi'i phaentio gan William Billingsley gyda blodau a ffrwythau yn efelychu porslen Sèvres.

Thomas Baxter (1782-1821)

Roedd Thomas Baxter[47] yn un o baentwyr tsieni gorau dechrau'r bedwaredd ganrif ar bymtheg; roedd hefyd yn gweithio fel athro celf, engrafwr a phaentiwr miniaturau. Cafodd ei eni yng Nghaerwrangon lle'r oedd ei dad, Thomas Baxter arall, yn enamlydd a goreurwr. Ym 1797 symudodd y teulu i Lundain, lle y sefydlodd Thomas y tad fusnes addurno tsieni llwyddiannus yn Gough Square, oddi ar Fleet Street. Mynychai Thomas y mab Ysgolion yr Academi Frenhinol, ac addurnai borslen, o Coalport gan fwyaf, i'w dad. Ym 1814 symudodd gyda'i deulu ifanc ei hun i Gaerwrangon, lle bu'n gweithio yn ffatri borslen Barr, Flight and Barr.

Yn ystod gwanwyn 1816 symudodd Baxter i Abertawe a chafodd ei gyflogi fel gweithiwr llawrydd gan y Gwaith Tsieni i addurno peth o lestri cabinet gorau'r cwmni, yn bennaf ar gyfer y farchnad yn Llundain. Roedd y gweithiau hyn yn cynnwys crochenwaith wedi'i baentio ag adar, cregyn a blodau, ac yn arbennig â chiwpidau a ffigyrau neo-glasurol wedi'u gweithio mewn dotwaith unlliw ysgafn. Roedd hefyd yn gwneud llawer o'r gwaith goreuro ei hun, gan ddefnyddio motiff sgrôl ton syml ond cain.

Addurnodd set o lestri pwdin wedi'i gwneud i Lewis Weston Dillwyn at ei ddefnydd ei hun ym 1817 (gweler t. 58). Hefyd, tra'r oedd yn Abertawe bu'n paentio miniaturau, gan gynnwys un o Dillwyn, ac ym mis Mehefin 1818 cyhoeddodd set o chwe ysgythriad o olygfeydd y dref. Yn fuan wedyn, dychwelodd i Gaerwrangon, lle bu'n gweithio fel enamlydd i ffatrïoedd Barr, Flight and Barr a Chamberlain, ac fel athro celf, tan iddo farw.

---

[47] John O. Wilstead a Bernard Morris, *Thomas Baxter: The Swansea Years 1816-1819*, Gwasg Gomer (1997)

De: Fâs sbils Abertawe (1816-1819) a chwpan Caerwrangon Chamberlain (1819-1821), y ddau wedi'u paentio gan Baxter gyda chiwpid mewn gwydr.

De eithaf: Plac porslen, wedi'i baentio gan Thomas Baxter gyda phortread coffadwriaethol o'i ffrind Charles Francis Bone (1787-1802), yn efelychu miniatur gan frawd yr eisteddwr, Henry Pierce Bone (1779-1855).

William Pollard (1803-1854)

Ganwyd William Pollard[48] yng Nglandŵr ger Abertawe, ac aeth ymlaen i fwrw ei brentisiaeth yng Ngwaith Tsieni Abertawe pan oedd tua 13 i 14 mlwydd oed. Yno cafodd ei hyfforddi yn y grefft o baentio porslen, gan David Evans fwy na thebyg, yn hytrach na William Billingsley a oedd bryd hynny ar fin dychwelyd i Nantgarw. Mae dull Pollard yn hynod debyg i un David Evans, gyda phwyslais ar flodau gardd a blodau gwyllt fel llygad doli, sgorpionllys, mefus, grug, a'r rhosyn gwyllt y mae'n fwyaf enwog amdano. Ynghyd ag Evans a Henry Morris, Pollard oedd yn gyfrifol am greu arddull nodweddiadol o hardd Abertawe o baentio blodau.

Bu Pollard hefyd yn allweddol yn ehangu dylanwad arddull addurno Abertawe. Ym 1822 gadawodd Abertawe ac aeth i weithio yn y ffatri yr oedd Henry Daniel newydd ei sefydlu yn Stoke-on-Trent. Yn ei ddull arferol, paentiodd nifer o batrymau safonol y ffatri yn ogystal ag addurn blodeuog trawiadol nad oedd yn safonol.

Gan adael ffatri Daniel ym 1827, dychwelodd Pollard i Gymru a sefydlu ei fusnes addurno a mân-werthu ei hun yng Nghaerfyrddin. Gan ddisgrifio ei hun fel 'China Manufacturer, and Dealer in Glass and Earthenware', gwerthai grochenwaith bwrdd a setiau o lestri te a choffi, yn ogystal â fasys a chrochenwaith addurniadol. Roedd llawer ohonynt yn cael eu haddurno yn ei weithdy, rhai yn ôl pob golwg gan Pollard ei hun, a rhai gan ei gynorthwywyr. Weithiau byddai'n addurno priddwaith o Grochendy Morgannwg yn Abertawe, ond gan amlaf porslen o Loegr a Ffrainc a ddefnyddiai. Mae ei farc mân-werthu, 'Pollard Carmarthen', ar rai o'r gwrthrychau, yn eu plith fâs o Ffrainc a brynwyd gan Pollard wedi'i haddurno'n barod â thestun yn seiliedig ar gerdd gan Byron.

Ym 1832 symudodd Pollard i Abertawe. Cafodd drwydded i fod yn arwerthwr a daeth George Beddow, cyn gyd-baentiwr porslen yng Nghrochendy Abertawe, yn gynorthwyydd iddo. Ym 1846 caeodd ei fusnes a symudodd i Burnham-on-Sea yng Ngwlad yr Haf, lle y bu farw.

---

[48] Andrew Renton, 'The Swansea Diaspora: The later careers of David Evans, Henry Morris and William Pollard' yn Jonathan Gray (gol.), *Welsh Ceramics in Context: Part II* (Abertawe: Sefydliad Brenhinol De Cymru, 2005), tt. 209-234

De: Tebot a stand borslen Daniel wedi'u paentio gan William Pollard, tua 1824-1827.

De eithaf: Set o lestri te cabaret Abertawe wedi'i phaentio gan William Pollard, tua 1816-1822.

William Chambers yr ieuaf (1809-1882)

Ganwyd William Chambers[49] yr ieuaf yn Valenciennes, Ffrainc. Cafodd ei addysg yn Eton a Choleg Sant Ioan, Caergrawnt. Roedd ei dad wedi etifeddu Ystâd Stepney, ac am gyfnod bu'r teulu'n byw yn y plasty, Plas Llanelli. Fodd bynnag, ni allai Chambers yr ieuaf etifeddu'r ystâd am nad oedd ei rieni'n briod pan anwyd ef, ac yn dilyn marwolaeth ei dad ym 1855 prynodd ystâd yr Hafod ger Aberystwyth. Bu'n byw yno o 1857 tan 1871, pan ddyfarnwyd ef yn fethdalwr a'i orfodi i werthu'r lle.

Ym 1835 priododd Joanna Trant Payne; ganwyd iddynt 14 o blant ond bu farw o leiaf ddau yn fabanod. Roedd Chambers yr ieuaf yn ffigwr cymdeithasol a gwleidyddol o bwys yn Llanelli. Roedd yn ynad, ac ef oedd sefydlydd Cymdeithas Ddiwygio Llanelli a chadeirydd cyntaf Bwrdd Iechyd Llanelli. Sefydlodd Grochendy De Cymru, gan adeiladu tai i'r gweithwyr yn fuan wedyn; dau ddigwyddiad o bwys yn hanes y dref a'i thrigolion. Fel ynad, chwaraeodd ei ran yn atal Terfysgoedd Beca – protestiadau gan ffermwyr yn erbyn trethi a oedd yn cael eu codi am ddefnyddio'r ffyrdd – er ei fod yn cael ei amau o gydymdeimlo â'r achos.

Bu farw yn Nhŷ Vernon, Llansawel. Roedd ei ysgrif goffa yn y *Llanelly Guardian* yn disgrifio'i gariad tuag at y dref, gan nodi: 'it is to him that we are indebted for the planting of trees in the various streets of the town ... his idea being to make manufacturing Llanelly as attractive as possible.'

---

[49] Dilys Jenkins, *Llanelly Pottery*, DEB Books, (1968)

De: Ffotograff o Grochendy De Cymru, y 1920au. Amgueddfa Sir Gaerfyrddin, Abergwili.

De eithaf: Engrafiad o William Chambers yr ieuaf. © Llyfrgell Genedlaethol Cymru / National Library of Wales.

10 | Marciau'r gwneuthurwyr

Roedd y gwneuthurwyr crochenwaith a phorslen o Gymru sy'n cael sylw yma yn defnyddio dros 70 o farciau ffatri. Fodd bynnag, roedd llawer o'u crochenwaith yn cael ei werthu heb farc arno, neu heb ddim ond enwau'r patrwm neu rifau, neu farciau'r gweithwyr. Yn aml mae'n ansicr pryd y mabwysiadwyd marc ffatri arbennig a phryd y rhoddwyd y gorau i'w ddefnyddio. Roedd ffatrïoedd yn aml yn crynhoi cryn dipyn o stoc wrth gefn, a fyddai weithiau'n cael ei addurno flynyddoedd wedi iddo gael ei gynhyrchu, felly mae marciau argraffedig yn dangos pryd y ffurfiwyd ac y taniwyd darn, a marciau wedi'u printio neu eu paentio yn dweud pryd yr addurnwyd y darn. Mae marciau ffug Abertawe a Nantgarw i'w gweld weithiau ar borslen ffatrïoedd eraill.

Dyma'r marciau ffatri mwyaf cyffredin.

Crochendy'r Cambrian, Abertawe 1768-1870

Nid oes marc ffatri ar gynnyrch cynharaf Crochendy Abertawe (o 1768) er bod y gair 'Swansea' yn ymddangos ar ambell ddarn arysgrifedig, sy'n cadarnhau lle y cafodd ei wneud. Weithiau mae marciau bychan gan y gweithwyr yn argraffedig ar grochenwaith o ddiwedd y ddeunawfed ganrif, yn eu plith symbolau cardiau chwarae, seren, croes, lleuad gilgant, cynffon carlwm, llythrennau unigol a rhifolion. Roedd y rhain yn cael eu defnyddio'n helaeth yn y diwydiant ac nid ydynt yn unigryw i Abertawe.

1. SWANSEA yn argraffedig
Er y dywedir yn aml i'r marc hwn gael ei gyflwyno tua 1790, mae'n fwy tebygol mai tua 1804 y mabwysiadwyd ef, wedi i Lewis Weston Dillwyn ddod yn brif bartner; disodlodd y marc argraffedig a oedd i'w weld ambell dro – *GH & Co* sef partneriaeth gynharach George Haynes & Co. Mae'n debyg iddo gael ei ddefnyddio ar grochenwaith tan 1810 neu 1811 ac yna ar borslen, ynghyd â marciau eraill, tan ganol y 1820au.

2. Swansea mewn llawysgrifen
Gellir dyddio rhai darnau ag arnynt y marc *Swansea* yn llawysgrifen Thomas Pardoe i'r 1790au hwyr, ac mae'n bosibl i'r marc hwn gael ei ddefnyddio tan tua 1808.

3. SWANSEA mewn llawysgrifen

Gan amlaf yn oreurog, eto yn llawysgrifen Pardoe, mae'n bosibl i'r marc hwn gael ei ddefnyddio rhwng tua 1802 a 1808.

4. CAMBRIAN mewn llawysgrifen

Eto gan amlaf yn oreurog, gall y marc hwn fod yn gysylltiedig â darnau wedi'u bwriadu ar gyfer warws byrhoedlog y Cambrian Company yn Llundain. Os felly gellir ei ddyddio i 1807-1808.

5. DILLWYN & Co yn argraffedig

Mae'n ymddangos i'r marc hwn gael ei gyflwyno wedi i George Haynes ymadael a ffurfio'r bartneriaeth newydd gyda Timothy a John Bevington ar ddiwedd 1811, ac iddo barhau i gael ei ddefnyddio tan i Lewis Weston Dillwyn brydlesu'r busnes ym 1817. Mae'n bosibl ei fod yn cael ei ddefnyddio ar yr un pryd â'r marc argraffedig *SWANSEA*, gan fod hwnnw hefyd yn cael ei ddefnyddio ar borslen ym 1816-1817.

6. DILLWYN & Co SWANSEA yn argraffedig mewn pedol

Efallai'n cael ei ddefnyddio yn hytrach na rhif 5 uchod tua 1815-1817, a dyma o bosibl oedd y marc safonol o 1824 tan tua 1830.

7. BEVINGTON & CO. yn argraffedig

Yn dyddio i 1817-1824, mae'r marc hwn, yn ogystal â *SWANSEA POTTERY BEVINGTON & Co* yn argraffedig mewn pedol, yn brin iawn, sy'n awgrymu bod partneriaeth Bevington yn canolbwyntio'n bennaf ar addurno stoc cynharach.

8. DILLWYN SWANSEA yn argraffedig mewn hanner cylch

Mae'n ymddangos iddo ddisodli marc rhif 6. Cyflwynwyd o bosibl tua 1825-1830, a'i ddefnyddio wedyn tan 1850. Mae *DILLWYN & Co* yn argraffedig mewn hanner cylch yn farc arall sy'n dyddio o tua 1836-1848.

Mae marciau wedi'u printio yn aml yn cyfuno enw'r patrwm a *Dillwyn & Co* neu *D & Co*. Mae'r rhain yn cynnwys:

9. DILLWYN'S ETRUSCAN WARE yn argraffedig mewn cartouche

Yn cael ei ddefnyddio ar grochenwaith 'Etrwsgaidd' corff coch tua 1848-50.

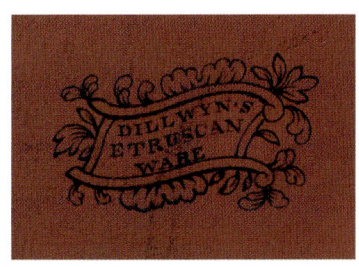

10. EVANS & GLASSON SWANSEA yn argraffedig mewn triongl

Yn cael ei ddefnyddio ynghyd â marciau wedi'u printio gan bartneriaeth Evans a Glasson o 1850 tan 1862.

11. D.J. EVANS & CO wedi'i brintio uwchben plu Tywysog Cymru

Y marc ffatri olaf, 1862-1870. Caiff hwn ei gyfuno ag enw'r patrwm gan amlaf.

Marciau'r gwneuthurwyr

Gwaith Tsieni Abertawe 1814-1826

Yn ôl pob tebyg, roedd y nwyddau porslen cyntaf a gafodd eu gwneud yn Abertawe yn ddi-farc, ac roedd yn fis Mai 1817 erbyn i Lewis Weston Dillwyn gyhoeddi y byddai'r gair *SWANSEA* yn cael ei stampio – a allai olygu argraffu neu brintio – ar bob darn. Hyd yn oed ar ôl y dyddiad hwnnw mae'n ymddangos i rai darnau gael eu gwerthu'n ddi-farc neu gyda dim ond rhif patrwm. Mae'r rhain weithiau wedi'u rhagddodi gydag *N* neu *No* (am rif) ac mae'r rhan fwyaf rhwng 100 a 600. Mae marciau gwerthwr neu addurnwr ar rai o ddarnau Abertawe (a Nantgarw) hefyd.

12. Swansea mewn llawysgrifen

Gan amlaf, ond nid bob amser, wedi'i arysgrifio mewn enamel coch. Gwyddom am sawl gwahanol lawysgrifen, ac mewn rhai achosion efallai mai'r paentiwr a addurnodd y darn sy'n gyfrifol. Dyma'r math cynharaf o farc i gael ei ddefnyddio o bosibl, ac mae'n anghyffredin wedi 1817.

13. SWANSEA mewn print troslun neu stensil coch

O bosibl y marc mwyaf cyffredin, wedi'i fabwysiadu erbyn haf 1816, ac o bosibl yn dal i gael ei ddefnyddio tan arwerthiant terfynol y stoc bron ddeng mlynedd yn ddiweddarach.

14. SWANSEA yn argraffedig

Efallai'n gysylltiedig â'r cyhoeddiad yn mis Mai 1817 ynghylch marciau 'stampiedig'. I'w weld ar lestri corff 'duck-egg' (asgwrn) a 'trident' (sebonfaen), weithiau gyda thryferi croes (neu dryfer sengl). Ymddengys ei fod yn fwy cyffredin ar lestri wedi'u bwriadu ar gyfer eu haddurno y tu allan i'r ffatri.

15. DILLWYN & Co yn argraffedig

Mae hwn, yn dyddio o 1816-1817, a marc cyfatebol *BEVINGTON & CO* o 1817-1824 (rhif 16), yn brin iawn. Mae fersiynau stensil coch o'r ddau hefyd wedi'u cofnodi.

16. BEVINGTON & CO. yn argraffedig

Gwaith Tsieni Nantgarw 1814 a 1816-1823
Ni wyddom a farciodd Billingsley a Walker unrhyw borslen a wnaethant yn Nantgarw ym 1814. Wedi iddynt ail-gychwyn cynhyrchu yno, roedd marciau argraffedig yn aml yn cael eu defnyddio lle'r oedd hynny'n ymarferol, fel ar blatiau a dysglau.

17. NANTGARW a C.W. yn argraffedig
Roedd sawl stamp yn cael ei ddefnyddio – weithiau roedd cysylltnod yng nghanol yr enw *(NANT-GARW)* ac weithiau câi'r *C.W.* (am 'china works') ei hepgor. Weithiau mae llythyren endoredig o dan y marc.

18. Nantgarw mewn llawysgrifen
Mae gan rai darnau farc yn llaw Pardoe, sydd fwy na thebyg yn ddilys, ond fel arall dylid bod yn ofalus gyda marciau sy'n dwyn arysgrif neu brint Nantgarw.

Crochendy Morgannwg 1813-1838
Mae marc printiedig neu argraffedig ar y rhan fwyaf o'r darnau (ond nid pob un). Roedd rhai marciau bychan gan weithwyr hefyd yn cael eu defnyddio.

19. BAKER BEVANS & IRWIN yn argraffedig mewn pedol
Defnyddiwyd trwy gydol y cyfnod mae'n debyg. Hefyd i'w weld yn amgáu plu Tywysog Cymru neu rifolyn gyda *SWANSEA* o dano.

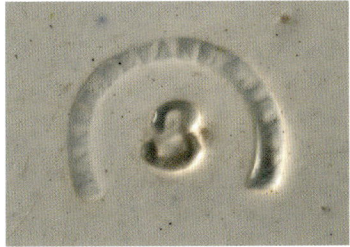

20. BB&I wedi'i brintio mewn cartouche
Yn aml gydag *Opaque China* neu gydag enw patrwm. I'w weld gan amlaf mewn du neu las.

Crochendy De Cymru

Roedd y cwmni'n defnyddio ystod eang o farciau, llawer ohonynt yn cynnwys yr enw.

21. South Wales Pottery yn argraffedig mewn pedol

Defnyddiwyd yn ystod cyfnod Chambers (1840-1855). Weithiau gyda'r ychwanegiad *William Chambers, Junior*, a/neu *Llanelly*. Roedd y llythrennau blaen *S.W.P.* hefyd yn cael eu defnyddio.

22. Enw patrwm wedi'i brintio mewn cartouche gyda South Wales Pottery neu S.W.P.

Roedd y llythrennau *C & H* yn cael eu defnyddio yn ystod cyfnod Coombs a Holland (1855-1858), *W.T.H* yng nghyfnod Holland yn unig (1858-1875), a *G & D* am Guest a Dewsberry (wedi 1878).

23. *Llanelly, Llanelly Pottery* neu *Llanelly Art Pottery*, wedi'i stensilio

I'w weld ar grochenwaith o ddechrau'r ugeinfed ganrif wedi'u paentio â llaw.

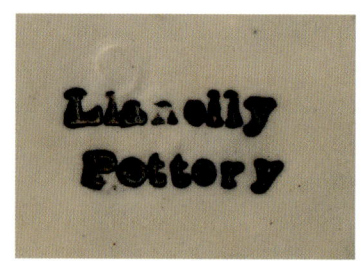

11 | Deunydd darllen pellach

Rachel Conroy, 'The Cambrian Pottery: Dillwyn's Pricelist of 1843', *Transactions of the English Ceramic Circle,* 29 (2018), tt. 117-128

Howell G. M. Edwards, *Swansea and Nantgarw Porcelains: A Scientific Reappraisal,* Springer, 2017

Howell G. M. Edwards, *Nantgarw and Swansea Porcelains: An Analytical Perspective,* Springer, 2018

W. J. Grant-Davidson, *The Pottery of South Wales: An Illustrated Guide,* Mackie, 2010

Jonathan Gray (gol.), *Welsh Ceramics in Context: Part I,* Sefydliad Brenhinol De Cymru, 2003

Jonathan Gray (gol.), *Welsh Ceramics in Context: Part II,* Sefydliad Brenhinol De Cymru, 2005

Jonathan Gray, 'War & Peace: Swansea Ceramics 1775-1815', *Art Antiques* Llundain 2010, Haughton International, 2010, tt. 31-40: https://www.haughton.com/articles/2010/6/13/war-peace-swansea-ceramics-1775-1815

Jonathan Gray, *The Cambrian Company: Swansea Pottery's London Warehouse 1806-1808,* yr awdur, 2012

Helen L. Hallesy, *The Glamorgan Pottery, Swansea 1814-1838,* Gwasg Gomer, 1995

Gareth Hughes a Robert Pugh, *Llanelly Pottery,* Cyngor Bwrdeistref Llanelli, 1990

Dilys Jenkins, *Llanelly Pottery,* DEB Books, 1968

W. D. John, *Swansea Porcelain,* The Ceramic Book Company, 1958

W. D. John, *William Billingsley (1758-1828); his outstanding achievements as an artist and porcelain maker,* The Ceramic Book Company, 1968

W. D. John a Catherine Coombes, *Nantgarw Porcelain,* The Ceramic Book Company, 1948

W. D. John, G. J. Coombes a Catherine Coombes, *The Nantgarw Porcelain Album,* The Ceramic Book Company, 1975

A. E. Jones a Leslie Joseph, *Swansea Porcelain: Shapes and Decoration,* D. Brown & Sons, 1988

Ernest Morton Nance, *The Pottery & Porcelain of Swansea & Nantgarw,* Batsford, 1942

Arleen Tanner, Grahame Tanner (gol.), *Swansea's Cambrian Pottery Transferware: and Other Welsh Example*s, Polstead Press, 2005

John Twichett et al, *Not just a bed of roses: the life & work of the artist, ceramicist and manufacturer William Billingsley (1758-1828),* Usher Gallery, Lincoln, 1996

Donald M. Treharne, *Llestri Llanelli,* Gwasg Carreg Gwalch, 2002

William Turner, *The ceramics of Swansea and Nantgarw: a history of the factories with biographical notices of the artists and others, notes on the merits of the porcelains, the marks thereon, etc.,* Bemrose & Sons, 1897

Rowland Williams, *Nantgarw Porcelain 1813-1822,* yr awdur, 1993

John O. Wilstead a Bernard Morris, *Thomas Baxter: The Swansea Years 1816-1819,* Gwasg Gomer, 1997